互联网环境下高校图书馆资源建设与服务创新研究

吴玉萍 ◎ 著

北京工业大学出版社

图书在版编目（CIP）数据

互联网环境下高校图书馆资源建设与服务创新研究／吴玉萍著．— 北京：北京工业大学出版社，2019.8（2021.5 重印）

ISBN 978-7-5639-6843-5

Ⅰ.①互… Ⅱ.①吴… Ⅲ.①院校图书馆－文献资源建设－研究②院校图书馆－图书馆服务－研究 Ⅳ.①G258.6

中国版本图书馆 CIP 数据核字（2019）第 145682 号

互联网环境下高校图书馆资源建设与服务创新研究

著　　者：吴玉萍
责任编辑：乔爱肖
封面设计：点墨轩阁
出版发行：北京工业大学出版社
　　　　　（北京市朝阳区平乐园 100 号　邮编：100124）
　　　　　010-67391722（传真）　bgdcbs@sina.com
经销单位：全国各地新华书店
承印单位：三河市明华印务有限公司
开　　本：710 毫米 ×1000 毫米　1/16
印　　张：11.5
字　　数：200 千字
版　　次：2019 年 8 月第 1 版
印　　次：2021 年 5 月第 2 次印刷
标准书号：ISBN 978-7-5639-6843-5
定　　价：48.00 元

版权所有　翻印必究

（如发现印装质量问题，请寄本社发行部调换 010-67391106）

前　言

当前，随着网络信息技术的不断发展，人类社会逐渐迈入信息时代。互联网对人们生活的深刻影响，使得现代人对信息资源等图书馆服务的需求也在不断发生变化，传统的图书馆服务已经难以满足人们的需要。图书馆已不再是人们获取知识信息的主要渠道，甚至正在渐渐退出人们的视野，选择图书馆作为自己信息获取方式的人也越来越少，这就使得传统的图书馆在互联网环境中遭遇了极大的挑战。

尤其是对于高校图书馆来说，其拥有着丰富的信息资源，面对着高校师生等在信息服务上有着较高需求的对象，承担着提供信息服务、知识服务、学科服务的任务。一方面，随着高校现代化建设的不断发展，高校图书馆的硬件设施与环境建设水平越来越高；另一方面，高校的学生受互联网环境的影响较为深刻，已将互联网作为其获取信息的主要途径。这两方面的原因都要求高校图书馆在资源建设和服务上实现创新。

本书共七章。第一章对传统的高校图书馆及其发展、高校图书馆存在的问题、互联网环境对高校图书馆的影响进行研究。第二章对高校图书馆的信息资源建设进行研究。第三章对互联网环境下高校图书馆服务创新的要求进行研究。第四章对高校图书馆的信息资源服务创新进行研究。第五章对高校图书馆的学科服务创新进行研究。第六章对高校移动图书馆的移动服务创新进行研究。第七章对高校图书馆的资源建设与管理进行研究。

本书约20万字，为了保证内容的丰富性与研究的多样性，笔者在撰写的过程中参阅了很多关于互联网与高校图书馆方面的资料，在此对相关作者表示衷心的感谢。

最后，由于笔者水平有限，加之时间仓促，书中难免有疏漏和不妥之处，恳请同行专家和读者批评指正。

目 录

第一章 互联网环境与高校图书馆 ……………………………… 1
    第一节　传统的高校图书馆 ……………………………………… 1
    第二节　传统高校图书馆的发展 ………………………………… 8
    第三节　高校图书馆存在的问题 ………………………………… 14
    第四节　互联网环境对高校图书馆的影响 ……………………… 15

第二章 高校图书馆信息资源建设 ……………………………… 19
    第一节　高校图书馆信息资源建设的现状 ……………………… 19
    第二节　高校图书馆信息资源建设的基本原则 ………………… 22
    第三节　高校图书馆信息资源建设的方法 ……………………… 24

第三章 互联网对高校图书馆服务创新的要求 ………………… 37
    第一节　高校图书馆服务的现状 ………………………………… 37
    第二节　高校图书馆服务存在的问题 …………………………… 42
    第三节　互联网环境下高校图书馆的服务创新 ………………… 46

第四章 高校图书馆的信息服务创新 …………………………… 63
    第一节　高校图书馆信息服务的现状 …………………………… 63
    第二节　互联网环境下高校图书馆信息服务的变化 …………… 69
    第三节　高校图书馆信息服务创新的途径 ……………………… 82

第五章 高校图书馆的学科服务创新 …………………………… 89
    第一节　高校图书馆的学科服务现状 …………………………… 89
    第二节　互联网环境对高校图书馆学科服务的影响 …………… 97
    第三节　大数据背景下的高校图书馆学科服务创新 …………… 100

第六章 高校移动图书馆的移动服务创新 ……………………… 115
    第一节　移动互联网技术与移动图书馆的产生 ………………… 115

第二节　高校移动图书馆建设的发展趋势 …………………… 134
　　第三节　移动互联网环境下高校图书馆
　　　　　　服务创新——轻应用 ………………………………… 135

第七章　高校图书馆资源建设与服务的管理 ………………………… 141
　　第一节　高校图书馆数字资源建设的管理 …………………… 141
　　第二节　高校图书馆服务的管理 ……………………………… 163

参考文献 ………………………………………………………………… 171

第一章　互联网环境与高校图书馆

与许多发达国家相比，我国的图书馆事业无论是数量还是质量，以及在管理水平、基础设施等各方面，都存在着差距。本章较为系统地介绍了传统的高校图书馆及其发展，着重分析了高校图书馆存在的问题和互联网环境对高校图书馆的影响。

第一节　传统的高校图书馆

一、高校图书馆的发展历程

师资、教学设备、图书资料被许多国家视为学校的三大支柱。高等教育的出现促进了高校图书馆的产生和发展。

（一）高校图书馆的兴起

最早的高校图书馆出现在十二三世纪的欧洲，如巴黎、剑桥、牛津等。

1.西方国家高校图书馆的产生和发展

早期的西方国家，学生只能向有藏书的教授借书，或者向书商购买，高校内并没有设置图书馆。随着高校发展越来越规模化，许多学生开始自发联合购买书籍，并在毕业后将图书捐赠给学校，捐赠的图书越来越多，最终形成了早期的高校图书馆。

捐赠是初期高校图书馆藏书的主要来源。例如1257年，教父索邦（Sorbonne）将个人藏书捐赠给了巴黎大学，帮助大学建立了索邦学院图书馆。随后欧洲各国，如英国、意大利、西班牙、德国等国的许多学者也陆续捐款、赠书。除图书之外，索邦学院图书馆还保存了许多作家著作的原稿，逐渐成为巴黎大学最重要的图书馆；牛津高校图书馆与索邦学院图书馆相同，也是在捐书的基础上建立起来的，英国的理查德·伯里（Richard Burry）向图书馆捐赠了丰富的私人藏书；1638年，牧师约翰·哈佛（John Harvard）向图书馆捐赠了400余册书籍，使哈佛大学图书馆得以建立，哈佛大学的校名便是以牧师名字命名的。哈佛大学图书馆是目前为止世界上建设规模最大的高校图书馆。

早期的高校图书馆一般规模很小，主要靠捐款和资助的方式维持，直到图书可以大量印刷，高校图书馆才逐渐发展起来。第二次世界大战结束后，西方各国逐渐出现了一批世界顶尖的高校图书馆，如耶律大学图书馆、哈佛大学图书馆、芝加哥大学图书馆、牛津大学图书馆等。

2. 我国高校图书馆的兴起

书院图书馆是我国古代最有名的学校图书馆，大多是基于书院教学目的而建立的。1909年，我国文化、教育受西方科学的影响飞速发展，逐渐出现了一些具有影响力的高校图书馆，如武昌文华大学公书林、北京交通大学图书馆、金陵女子文理学院图书馆、京师大学堂藏书楼、北京高等师范学校图书馆、华西协和高校图书馆、上海沪江高校图书馆、武昌高等师范学校图书馆、南京高等师范学校图书馆、私立福建协和高校图书馆等。

我国高校图书馆虽然早期发展较为曲折，但在20世纪80年代后，党和政府的支持使高校图书馆得到了空前的发展。

（二）高校图书馆的主要任务

我国颁布实施的《普通高等学校图书馆规程（修订）》明确了高校图书馆的任务和性质，其内容为高校图书馆应为教学和科学研究服务，图书馆作为具有学术性的机构，是学校和社会信息化的重要基地，也是学校的文献信息中心。该规程也明确了高校图书馆的主要任务。

根据规程的要求，图书馆的管理应符合教学科研工作的建设需求和发展。为了满足师生的信息需求，高校图书馆应充分利用现代信息技术，不断提高服务水平，从而使教学科研工作所需的文献信息得到保障。

主要任务可以分为以下几个方面。

1. 文献资源建设

高校应积极的建设网络虚拟资源和实体资源，对资源采用合理的管理和维护方式，并进行科学的加工、整序。

2. 文献资源服务

高校应积极开展文献信息服务，例如参考咨询、信息检索、资源传送，以及书刊借阅等。

3.信息素质教育

高校应组织信息检索等方面的教育与培训，鼓励和支持全校师生积极参与。

4.组织学校文献资源建设

高校应在经费和学科资源布局等方面统筹协调，使校图书馆和院系分馆、资料室的文献资源建设更加合理。

5.资源协作

各个高校图书馆应相互协作，推动图书馆事业的全面发展，共同建设文献资源保障体系。

我国大学一般可以分为社区服务型大学、教学型大学、教学研究型大学、研究型大学四类。社区服务型大学主要是指高等专科教育学校和高等职业技术教育学校两类；教学型大学主要是指以培养本科毕业生为目标的普通本科院校；教学研究型大学主要是指可以授予硕士学位和少量博士学位的院校，此类院校的研究生数量约为本科生数量的三分之一；研究型大学主要是指设有研究生院或可以授予博士学位的院校，此类院校以高水平学术为目标。

高校图书馆作为一个学术性的服务机构，应符合学校教学安排的需要。各类型高校图书馆受学校性质、培养目标和专业设置的影响，从而形成各具特色的工作任务。随着社会信息化的发展，高校图书馆应根据不同发展阶段的教学任务进行合理的调整。

二、传统高校图书馆

20世纪90年代以前，人们认为图书馆的本质是为社会经济服务的文化教育机构，其主要任务是搜集和保管图书资料。传统高校图书馆一般是指有工作人员管理并为大众提供信息服务，拥有丰富藏书的独立馆舍。高校图书馆通过收集、保存和传递各类文献，为学校师生提供服务，如咨询服务、书刊阅览服务、图书外借服务等。

人们通常所说的传统高校图书馆是指手工图书馆，主要提供印刷型文献服务，区别于借助网络的电子图书馆和数字图书馆。

（一）资源建设的特点

高校图书馆与其他类型图书馆的馆藏资源不同，其外文书刊资料的比重较大，且文献资源内容专深、学科性强。图书馆根据学校的教学计划、科学研究计划、专业设置、师资培养计划、教学大纲等全面、系统的收藏专业文献，适当收藏一般文献。

馆藏资源作为图书馆重要的组成部分，决定着一个图书馆的规模和发展程度。传统高校图书馆的馆藏资源建设具有以下问题。

1. 文献采编方式较为封闭落后

一直以来，征订新书目录的图书资料采购是我国传统高校图书馆主要的采购方式，即通过对新书书目进行分析、判别和比较，选择需要采购的图书。除此之外，高校图书馆还可以通过图书展览会收集所需的文献资料。但这种采购方式需要投入很大的人工劳动，程序过于烦琐。

2. 馆藏以纸质印刷文献为主

高校图书馆重点收藏与教学课程相关的专业文献信息资源，对业余和课外阅读类的文献信息资源采取选择性的收藏方式，而对电子资源和光盘文献则极少收藏。

3. 未形成各馆资源联合采购规模化

我国古代虽然已经有过这种联合采购的方式，但由于意识形态较为落后，因此并没有形成各馆资源联合采购规模化的局面。

4. 资源购置经费不足

购书经费跟不上文献数量和图书价格上涨的速度。导致许多高校图书馆都以学科图书作为馆藏重点，造成重复馆藏、少藏、缺藏等问题。文献资源逐渐老化，降低了图书馆的文献保障率。

5. 馆藏文献资源利用率偏低

图书馆在计算机等方面的发展十分缓慢，导致文献资源的质量不稳定。通过长期的实践证明，只增加高校图书馆文献资源的数量，无法提高图书馆文献资源利用率。例如，无法满足师生的各种文献需求，导致其远离本校图书馆；图书馆的资源利用率低，导致资源浪费。

（二）读者服务

高校图书馆的服务是为全校师生提供信息资源的服务行为，通常在本校范围内进行。传统图书馆的服务工作是围绕馆藏展开的一种面向资源的服务，为读者提供文献实体，一般以被动的封闭式服务为主，如简单的参考咨询、实体文献的查检、书刊的借还等。

1. 特点

（1）服务方式被动

图书馆的服务主要以图书馆提供为主，基本服务包括阅读辅导、用户教育、书刊借阅、参考咨询等。服务范围一般控制在图书馆以内，各种因素的限制使图书馆服务具有局限性，这些因素包括购书经费、技术设备、管理机制、工作人员业务水平等。我国大多数传统高校通常采用由读者自主进入图书馆的被动服务方式，长久以往，导致图书馆的服务欠缺了主动精神。

（2）文献管理方式落后

我国大多数传统高校图书馆都是以手工操作方式工作的，其工作内容琐碎且劳动强度大，如书刊的采访、加工到入库、管理、编目、排架等。这种落后的文献管理方式很大程度上制约了高层次服务的开展。

（3）服务对象单一，服务范围狭窄

由于购书经费有限，在资源购置的过程中，高校图书馆通常会优先选择与本校教学科研需求相关的资源，这必然会导致图书馆的馆藏不能充分满足读者的需求；大多数高校图书馆都只面向本校师生开放，在发展过程中受大学管理体系的严格限制，与社会接触较少，这些使高校图书馆长期处于一种相对封闭的状态。

（4）服务层次和水平偏低

传统高校图书馆的服务基本是为读者提供一次文献，如期刊、报纸、图书等。由于传统图书馆很少对文献信息进行加工，因此它只能解决读者的咨询问题。

2. 基本服务方式

（1）文献复制服务

文献复制服务是指通过复制文献，为读者提供文献资料的一种服务方式。目前，我国各高校图书馆大多数都设置了复印室，读者可以通过办理相关手续，进行文献复印。根据我国相关版权法的规定，读者将不被允许整本复印图书馆各类文献。

开展文献复制服务不仅开发了文献利用的深度，还提高了馆藏文献的利用率，充分满足了读者对特定文献的需求。

（2）读者教育

读者服务是实现高校图书馆教育职能的一项重要工作。提高读者的信息意识和能力，培养读者的信息素质是读者教育的主要目的。

读者教育的主要形式包括开设文献检索课、开设专题讲座、开展图书馆基本知识和检索技能培训、参观图书馆等。读者教育体现了图书馆的教育职能，有助于提高读者学习研究的能力和图书馆业务工作水平。

（3）馆内阅览服务

传统高校图书馆最为常见的服务方式是通过对馆内藏书进行分类整理，并建立阅览室，使读者可以在馆内阅读文献信息资源。高校图书馆应为读者提供良好的阅读环境和设备。

阅览服务方式可以分为三种，即开架、半开架、闭架。阅览室的特点、图书馆组织管理、读者需求、文献类型等方面决定了图书馆的阅览服务方式。阅览室还可以根据读者的不同需求设立不同类别的阅览室，如库本阅览室、期刊阅览室、工具书阅览室等。

（4）阅读辅导服务

为了方便读者了解图书馆资源的服务情况，高校图书馆需要开展一系列的阅读辅导服务。该服务主要包括三个方面，一是阅读指导，给予读者阅读内容和方法的指导；二是帮助读者熟练使用参考工具书、图书馆目录等；三是向读者传授图书馆相关的借书规则和方法等。

（5）书刊外借服务

书刊外借服务主要是指读者通过办理相关手续将藏书带出馆外自由阅读的服务，它是我国传统高校图书馆最为普遍的工作方式。

借阅书刊服务为读者提供了便利，受到了广大读者的欢迎。当学生离开学校时，借书证也随之失效。

（6）参考咨询服务

参考咨询服务是指读者在查找文献时图书馆向读者提供事实、数据和文献线索的帮助服务，如协助检索、信息检索、专题文献报道、解答咨询等，是图书馆十分重要的服务工作。

经常处理的问题一般可以分为两大类：一类是读者工作学习中遇到的问题，如历史事实、事件、统计资料、人物等；另一类读者是使用图书馆过程中遇到的问题。通常图书管理员在解决问题时，需要先迅速检索到读者需要的信息，加以分析后再提供给读者。除此之外，我国少数图书馆还承担了文献综述、课题文献检索等方面的调研任务。

（三）技术应用

传统的手工操作服务方式已经无法适应读者对知识信息的需求，随着互联网（Internet）技术的飞速发展，信息技术已经成为推动图书馆发展的根本力量。目前，我国各个高校已经开始重点研究新技术在图书馆中的应用。

1. 多媒体技术

随着新技术的应用，以印刷和手工服务为主的服务体系已经逐渐瓦解。电脑和网络服务与图书馆的咨询、检索、采访、编目、流通等方面的结合应用，实现了高校图书馆智能化办公。但这种多媒体技术也存在着一定的局限性，即改变了读者的阅读方式和最自然的阅读感觉。

相比较传统的单一性文字表述，网络资源更加多维化，使读者更容易记忆和理解信息内容。在计算机环境下，多媒体技术将通信、视频以及音频等技术相结合，使读者全方位的体验信息服务。这种模式在年轻读者中十分受欢迎。

2. 存储技术

目前，高校图书馆主要采购的储存信息是文献信息，为了满足读者的多种需求，图书馆需要收集和整理更加多样、高质量的馆藏。由于以印刷出版物为主的馆藏不仅出版速度慢、容量小，而且所占物理空间较大，因此无法适应发展的要求。

与之相比，存储技术具有价格低廉、性能稳定、高速度、存储容量大等优点，符合图书馆资源新型载体的要求。电子出版物突破了传统二维阅读的限制，逐渐成为图书馆的新馆藏，如录音带、缩微品、磁盘、磁带、激光声像盘，以及录像带等。

3. 电子计算机及自动化技术

传统图书馆的工作烦琐、效率低下，基本靠工作人员手工完成，如书刊的采访、排架、编目、管理、加工到入库等。随着文献资源的不断增长，传统的工作方式已经无法满足读者的信息需求，为了解决这一问题，各个高校图书馆都开始寻求一种能够提高工作效率和质量的新兴技术，而这种新兴技术就是电子计算机及自动化技术。

目前，在我国图书馆现代技术中，电子计算机及自动化技术占有主导地位。图书馆的所有业务工作都可以通过计算机操作实现，如检索、出版物管理、文献采购、编目等。这不仅极大地提高了各项工作的效率和质量，而且大大地减轻了图书管理员的负担。

许多高校陆续将计算机应用于行政管理、流通、采、编等方面，致力于建立完整的自动化管理系统，以实现信息、技术等方面的有机统一，从而避免大量重复劳动。

第二节　传统高校图书馆的发展

一、图书馆发展的现状

有关学者和图书馆界的同行常用"喜忧参半""机遇和挑战并存""困难和希望同在"来形容当前我国图书馆事业的发展现状。

我国图书馆的数量大增,促进了乡镇、厂矿、信息中心、各类院校等情报科研机构的产生,使理论研究进一步深入。同时,图书管理员的专业水平不断提高,图书馆的社会作用和地位逐渐稳固。

虽然我国高校图书馆已经步入了发展阶段,但与许多发达国家相比还存在很大差距。我国各地区的高校图书馆事业发展十分不均衡,如东部好于西部、南部好于北部。大多数图书馆依旧存在着许多问题,如社会对图书馆没有形成共识、素质较差、文献藏量减少、经费短缺,以及人员流失等。

二、高校图书馆管理

我国高校师生获取文献信息的基本来源是图书馆和资料室。高校图书馆是国家信息资源的重要组成部分,其文献载体类型、收藏质量、文献拥有量等多个方面都遥遥领先国内其他图书馆。高校图书馆的工作理念和方式随着信息化的发展逐渐转变,主要可以分为以下四个方面。

(一)工作思想

高校图书馆的工作思想从传统的重藏轻用,逐步向藏用并举转换;管理方式从封闭性的管理向网络化、信息化的开放式管理转换。

(二)馆藏资源

传统高校图书馆的现实馆藏资源,逐渐向虚拟与现实馆藏并存转换。虚拟馆藏是指本馆以外的馆藏;现实馆藏是指包括已数字化的文献信息和以纸为媒介的文献信息的本馆馆藏。拥有巨大的信息量是虚拟馆藏的优势,因此,虚拟馆藏被大部分高校图书馆予以充分利用。

(三)工作对象

高校图书馆的工作对象从传统的单一媒体逐渐向多种媒体转变,图书馆以纸质为媒体的工作逐渐被多媒体工作形式瓦解。

（四）服务深度

图书馆服务的深度发生变化。文献整理和为读者提供有序化的信息服务是传统高校图书馆的重要职能。互联网的普及使人们生活在个性化、专业化的大环境之中，需要更深层次的信息服务。

深层次信息服务的本质是以用户为中心，即根据用户的问题，确定用户需求，并帮助用户检索相关知识，以及找到解决方案。

三、高校图书馆的转型

现代信息技术的出现，使图书馆不得不与时俱进，向数字馆藏和虚拟馆藏转换。馆藏资源类型的改变、核心服务理念的转变，以及网络信息技术的应用是传统高校图书馆转型的主要内容。这种转型是指传统高校图书馆的全面转型。

高校图书馆转型需要遵循其相关历史背景，以及客观现实的要求，为图书馆带来发展的机遇。

（一）高校图书馆的转型因素

高校图书馆作为高校的辅助机构，其主要功能包括教育、储存、传播、生产等，并且这些功能不受其发展影响，定位于为教学与科研服务。但在当今信息化社会环境下，信息传输的全球化、网络化，以及信息传输载体的智能化，改变了人们获取信息的途径和手段。诸多因素既是对高校图书馆的挑战，也在很大程度上推动了高校图书馆的发展与转变。

1. 信息技术在图书馆广泛应用

传统的图书采购、加工等工作主要依赖手工方式提供读者服务。现代信息技术以计算机技术为核心，促进了图书馆的转型。目前，我国高校图书馆普遍开始应用计算机及自动化技术，实现了图书馆资源采购、编目和阅览服务的自动化，在提高工作效率的同时，更是极大地实现了读者服务的便捷性。一系列的信息技术，诸如存储技术、版权管理技术、数据挖掘分析技术以及多媒体技术等，使得图书馆在传统服务功能的基础上，焕发出新的活力，实现了功能的拓展与创新。

2. 互联网飞速发展

传统图书馆具有信息收集、加工和服务的职能。但互联网的出现和发展使传统图书馆的职能发生了重大变化。互联网的发展，使用户获取信息的场所和渠道从实体图书馆馆舍，扩展到无线广域的互联网世界。这一变化，一方面使得高校图书馆获得了更为便捷的服务手段，另一方面有利于促进图书馆的信息交流和资源共享，使图书馆能够实现从资源收藏馆到信息传播中心的转变。

3. 其他信息机构冲击

计算机及自动化技术的普及，使我国信息产业迅速崛起，涌现出一批商业化的信息服务机构，凭借强大的资金和高素质的人才，在信息服务领域形成较大优势，渐渐融入社会和生活的各个领域，其信息产品对图书馆的信息服务有着十分重要的影响，因此高校图书馆如果不能自我变革，在信息产品和服务方式上及时调整发展策略，就会面临被商业信息服务机构弱化的危险，"图书馆消亡论"也可能不是危言耸听。

4. 学校教学科研的发展需求

从 20 世纪 90 年代开始，我国开始重视调整高等教育政策，并逐步增加经费投入，高等教育整体水平有了显著提升，高校以"与世界一流大学接轨"为发展目标，更加注重和强化学科建设和科研工作。为适应新的教学科研工作需求，高校图书馆在运行机制、组织结构、服务功能等方面都面临着挑战。

（二）高校图书馆转型产生的变革

随着全球化、网络化的兴起，计算机、网络通信技术逐渐成为主要的信息传输载体，使我国形成新的社会环境。在这样的大背景下，高校图书馆的传统功能受到严峻挑战，各类电子出版物和计算机网络信息资源加快了高校图书馆进行变革的脚步。

1. 资源建设的变革

高校图书馆受计算机网络的影响，在发展的同时也伴随着许多问题和新的挑战。

（1）信息资源实现共享

高校图书馆在网络环境的影响下，实现了资源共享合作，使各个高校图书馆之间的资源可以相互补充，逐渐形成了信息资源保障体系。除此之外，信息传递和检索等功能都可以在网上实现，使馆藏资源价值得到最大限度的提高。

（2）馆藏结构发生了改变

近年来，在信息技术不断发展的推动下，高校的图书馆馆藏结构发生了巨大变化。其馆藏体系从静止的、固定的物理实体，向提供虚拟服务和数字化的馆藏结构转变。

（3）购置经费使用效益提高

购书经费短缺一直是困扰高校图书馆发展的难题。最大限度地满足读者对常用文献和特殊文献的需求是馆藏资源建设的终极目的，因此图书馆时常需要购入一些较少使用的资源，导致经费的使用总是捉襟见肘。

计算机及自动化技术在图书馆的应用使这种情况得到了极大的改善。图书馆通过网络可以获取和共享信息资源，可以将有限的经费用来购置最常用的馆藏资源，提高了资源购置经费的使用效益。

（4）资源采购来源增多

互联网的出现为图书馆资源的采买提供了新的途径，即网络途径，如购书网站、网络店铺等，拓宽了图书资源的采买渠道。

2. 信息服务的变革

（1）服务内容增加，提供深度服务

目前，高校图书馆的服务工作重点逐渐转向以知识开发为主的信息服务。信息服务从根本上克服传统服务的限制，对信息进行深化加工，不断拓展服务内容，开展深层次服务，如代翻译、代查找、代检索、专题服务等。

（2）服务范围拓宽，服务形式多样

诸多因素限制了传统高校图书馆的发展，如传统文献传递范围的制约、物质条件，以及自身体制等。在现代网络环境下，高校图书馆形成了辐射型的开放式服务系统，即以新的方式管理、选择、组织资源信息服务工作。高校图书馆的服务范围向远程发展，用户可以获得多个图书馆的服务，不再局限于一个图书馆馆内。服务形式趋向多元化，如馆际互借、远程登录、联机目录查询、网上咨询、远程检索等，有效地拓展了传统的服务范围和服务方式。

（3）主动服务取代被动服务

传统高校图书馆采用等待用户上门、根据用户要求提供借阅服务的被动服务方式，其内容以纸质文献资源为主，没有现代化的推送服务。由于馆内纸质资源的馆藏复本量不足，传统高校图书馆时常出现拒借现象，无法满足用户的需求。

图书馆的馆藏资源结构受网络信息资源的影响发生改变，用户对服务的需求也随之改变。目前，网络化资源受大多数用户的喜爱，图书馆需要准确查找符合用户需求的资源，并提供给用户。传统的服务方式已经无法满足资源深层次的需求。因此，图书馆必须从根本上进行改革，改变之前被动的服务方式和服务机制。

3. 业务管理工作的变革

高校图书馆自 2000 年开始逐渐改变其服务模式和内容。高校图书馆呈现出了社会化、信息化、网络化、智能化的特征。

高校图书馆在网络技术推动下，实现了图书馆的自动化管理，完成了书刊采、编的自动化。由于我国普遍采用统一标准的编目格式，用户在网上查找信息资源非常便捷。图书馆自动化管理系统的优势包括使流通服务工作更具人性化，提供推荐新书服务，以及提供网上预约借书、催还图书服务。

与传统的人工方式相比，信息技术的出现，不仅改进了高校图书馆的业务管理，还改善了高校图书馆的工作流程。

四、高校图书馆的功能演变

高校图书馆的服务范围、对象和环境不断变化，逐渐趋向多元化。

（一）知识信息中心

随着学校学科建设的深入，简单的书刊借阅已经无法满足师生的要求，高校图书馆作为学校的信息中心，必须重视现代化技术手段的应用。根据师生对信息和知识的诉求，高校图书馆为他们提供解析、组织、检索等服务，并对图书馆各个方面，如用户需求的挖掘和满足、信息资源的建设与开发、加工信息服务方法的运用、信息产品的研制等进行创新，从而实现向知识产品提供增值性服务的目的。

高校图书馆与其他机构相比更具优势，这些优势主要表现在资源、人员、知识传播的可靠性、技术、专业性和科学性等方面。随着数字化馆藏的普及，高校图书馆在发挥传统功能的基础上，开展网络咨询服务、数字化服务等，不断拓展新功能，逐渐演变为知识信息传播者。

（二）学习中心

高校图书馆不仅为师生提供信息，同时为提高学生的自主学习能力、积极配合教学部门创造了良好的学习环境。信息技术在图书馆的广泛应用，为学生开展自主学习提供了条件。

时至今日，高校图书馆已经成为大学的特色建筑。各大学也逐渐加大了对馆舍硬件的投入，使馆内设备愈加完备。近年来，高校图书馆成为教师和学生获取信息资源的首选。

与此同时，各类电子出版物不断增加，各图书馆纷纷开始建立特色数字资源，注重传统文献资源的数字化，数字资源已逐渐成为高校图书馆的重要资源。与纸质资源相比，电子资源内容更为丰富，且用户可以通过互联网进行资源获取，更为便捷，为学生自主学习创造了良好的环境。

在网络环境的影响下，高校图书馆的数字资源成为学生知识检索的最佳途径。同时，高校图书馆通过制订系统的教学计划，开展各种具有针对性的培训，使用户熟练掌握网络资源的获取方法。

（三）文化艺术中心

现代图书馆强调以人为本的发展理念，与传统图书馆完全不同，其设计和布局，以及服务举措的主要目的是转变图书馆的纯物理空间，通过增加图书馆的艺术功能，使其成为文化艺术空间。为展现图书馆更加人性化的一面，可以开展文化沙龙、休闲品读、举办展览、艺术鉴赏等活动。

（四）科研辅助功能

在科技创新中，信息资源占有十分重要的地位，创新对信息的依赖越来越高。高校图书馆作为重要的信息服务平台，不仅能激发高科技创新，又可以为创新提供大量的基础性资源。

近年来，高校图书馆在防治学术不端行为、维护高校学术诚信等方面的工作中发挥了积极的作用，开展了许多辅助学校进行科研的工作，如为教师和科研人员提供科研成果鉴别服务、提供专业数据库检索利用培训、积极开展学术道德教育讲座、提供科技查新服务、提供科研论文剽窃检测服务等活动。

（五）社会服务功能

在高等教育资源中，高校图书馆是其重要的组成部分，并逐渐成为社区信息服务中心。高校图书馆逐渐融入了社会化的网络教育环境，支持知识传播，积极建设学习型社会，同时为知识型社会提供了大量知识储备。

高校图书馆社会服务功能的提升既符合自身可持续发展的需要，又符合时代和社会发展的需要。高校图书馆社会服务功能的拓展，不仅实现了社会的信息资源共享，还有助于充分发挥图书馆的信息资源优势。

第三节 高校图书馆存在的问题

一、文献信息资源问题

（一）文献信息载体呈多样性

随着科学技术的发展，文献信息载体的多样性在给人们带来便利的同时，也给图书管理员的工作带来许多困难，影响了读者的充分利用。

（二）发展经费短缺

我国许多高校扩招后没有按比例增加图书经费，导致购书经费短缺，图书占有率下降。我国加入世界贸易组织后，需要严格执行知识产权的保护法规，外刊资料购入成本的增加使文献经费更加紧张。

（三）图书资料陈旧过时

在我国众多高校图书馆中，陈旧或复本的图书资料所占比重较大。新兴学科、技术学科的发展，加速了知识的更新，导致相关的图书资料以较快的速度失去参考价值。

（四）多校区格局

随着各个高校的扩大招生，学科门类不断增加，大多数高校的文献资源建设很难在短期之内跟上其发展。目前，我国许多高校形成了多校区的格局，导致文献资源分散到各个分校区，不便共享。

（五）网络瓶颈

现如今，互联网上的科技信息需要付费才能进行观看，免费的信息资源越来越少，打击了用户使用信息的积极性。还有许多高校存在许多与高校发展不相适应的问题，如自建校由于办学条件较差，不能很好地利用网络资源；图书馆馆藏没有形成其特色资源，导致学科、专业的发展缓慢等。

二、管理体制和服务模式问题

我国高校图书馆的管理体制和服务模式存在着许多弊端，如运作方式不够灵活、机构设置不合理等。高校图书馆的业务机构设置，从传统图书馆工作性质来看，通常根据其工作内容而定，如采购、流通、编目、阅览等，因此需要对图书馆的运作方式进行相应的规定和制约。从现如今的高校图书馆来看，传统的业务机构已经不能满足数字化建设的需求，如一些基层院校图书馆依旧沿用手工操作服务，未形成计算机集成管理的体制，服务水平低下。

三、图书馆专业人才问题

高校专业队伍的素质有待提高。新型的高校图书馆具有管理手段计算机化、信息资源共享网络化、馆藏多媒体化、服务信息化等特点，因此，高校图书馆需要拥有一支高素质的专业队伍。提高图书馆馆员的素质是建设新型图书馆的关键。

近年来，馆员队伍整体素质不断提高，不仅配有图书情报专业人员，还培养了许多其他专业学科的人员，如外语、计算机专员。尽管如此，馆员队伍的整体素质仍然无法跟上时代的发展。传统图书馆的工作内容、周围的社会环境，以及服务方式都随着社会的发展不断变化，读者的需求深度不断增加。高校图书馆的发展需要大量具有较强信息意识、多学科知识、熟练掌握信息技能的复合型人才。

四、图书馆服务问题

传统高校图书馆的重藏轻用思想，严重影响了其相关的服务，同时在图书馆服务过程中并没有真正落实以读者为中心的理念，被动服务的方式仍然普遍存在。高等教育的发展大大提高了读者的知识水平，对知识获取的需求也在不断变化。高校图书馆大量引入新技术和设备，要求图书管理员不断学习，熟练掌握现代服务技术，以提供更优质服务为目标，不断转变服务观念。

第四节 互联网环境对高校图书馆的影响

一、互联网改变了人们获取知识的渠道与方式

图书馆作为人类信息文化储存、传承的机构，在人类历史上一直扮演着重要角色。随着信息科学技术的发展和知识经济时代的到来，人们的知识信息来源不再仅仅局限于图书馆。网络知识产业的出现和发展以及其向图书馆领域的快速渗透，也使图书馆迎来巨大挑战和机遇。

移动终端的快速普及、信息环境的网络化、资源形态的数字化不断改变着人们的信息行为，促进了知识环境的形成。高校图书馆传统知识服务的能力，已经无法满足用户对知识信息多样化、个性化的要求。而在这种新的形势下，一种"以用户为本"的新的、人性化的、个性化的图书馆服务理念也应运而生。

高校图书馆作为图书馆行业的领军者，更是担任着"先驱者"的角色，走在众多图书馆的前面。在泛在知识环境下，高校图书馆如何主动为用户提供便捷、准确、满意、个性化的知识服务是高校图书馆以及众多图书馆发展的重要课题。高校图书馆若想要重新占据人类社会知识信息传播、文化传承的核心地位，势必要贴近现今网络知识社会，改变其原有的传统知识服务方式，通过创新及多种渠道、途径、方式为用户提供更加便捷、专业化、多样化、个性化并且具有针对性的知识服务。

网络环境的兴起，进一步增强了用户个性化和社会化需求。网络社会化是网络的宏观理论基础，网络社会化最大限度地帮助用户实现了其需求。以资源为中心的信息环境逐渐瓦解，向以用户为中心转化。

现如今，人们通过社会性的网络软件进行沟通，拓宽了信息交流的渠道，使用户现实中的人际关系网得到了扩充。人际网络已经成为第二大信息源，是用户获取信息的重要途径。

文献的形式在新的信息环境下也产生了巨大的变化。文献结构从线性结构转变为多维结构；读者获取信息的渠道从单纯的纸质文献转向纸质文献、数字文献、网络信息并存，阅读方式由原来的传统阅读转变为现在的泛在式阅读。信息资源打破了之前封闭的信息空间环境，逐渐融入相对开放的互联网环境中。

二、移动互联网对读者阅读行为的影响

当今社会，移动设备已经成为人们日常工作、学习和生活必不可少的一部分。近年来，手机搜索业务、移动时通信发展迅猛，逐渐成为新一代的阅读媒介。其特点包括功能强大且便于携带、普及率高互动性强等，备受人们青睐。因此，高校图书馆为了顺应新的发展趋势，推出了移动图书馆。

移动网络和智能手机技术使人们的生活和行为发生改变，年轻群体对移动设备的依赖与日俱增，在移动网络用户群体中占有核心地位。大学生读者有多种阅读需求，其中最突出的是数字化阅读需求。

随着电子技术的发展，人们开始追求打破时间和空间上的限制，因此移动网络阅读应运而生。以计算机和网络技术获取多媒体合成信息的超文本阅读，称为网络阅读，其阅读平台采用电子设备获取信息，逐渐成为当代大学生查找各种信息的主要方式之一。

网络阅读具有便利性和实用性等特点，吸引了不同文化程度、职业、年龄的读者，这使其获得空前的发展。高校图书馆根据这一新的发展趋势推出移动图书馆服务的举措，既加强了对传统图书馆文献资源的利用，又顺应了

时代的发展，针对人们对新事物接受力强的特点，将以用户为中心的理念落实到了行动。

三、互联网影响图书馆对信息的组织形式

（一）图书馆内部信息资源的组织与整合

目前，信息检索是用户最常用的信息获取方式。用户希望个性化、无缝地获取所需信息，因此，信息检索以简洁、方便等优势获得了广大用户的青睐。

在网络环境下，图书馆信息资源日渐丰富，越来越多的异构数字资源系统出现在人们的眼前，导致信息资源和检索方式的分离，给获取信息资源的用户带来了许多困难。根据这一情形，高校图书馆采取了以下两种措施：一是重新组织各类异构的数字资源，方便用户获取信息；二是以满足用户体验为核心，提高数字资源的利用率，即对信息资源进行多方面的集成、重组、整合，消除数字信息孤岛，建立具有关联性的资源体系，将数字资源置于统一的平台。这种措施的特点是使信息资源的检索更方便。

网络环境对图书馆的影响还包括多元搜索引擎的使用。由于宏观层次的信息组织受异构信息资源组织的影响，我国高校图书馆采用了两种对策：一种是建立相关异构信息资源索引库的方法，通过集中索引进行组织；另一种是重新组织异构信息资源的检索引擎，通过技术手段实施异构检索。

信息浏览通常是指用户难以清楚表达信息需求，或没有具体信息需求时采用的一种网络信息查询行为。在网络环境中，由于一次性的文献获取相对方便，因此浏览与检索一样，是一种非常重要的信息获取方式。高校图书馆通过对馆内信息资源进行重组，来满足用户信息浏览的需求，重组的方式有门户网站、各类学科导航等。

采用多线索的信息组织方式，使信息以网状结构的方式呈现在人们眼前，最大限度地提高用户对网站信息的获取效率，并将重点内容以最佳的方式展现给访问者。

（二）图书馆之间的信息资源组织与整合

目前，我国高校图书馆实现了小范围的组织形式优化，即内部信息资源的整合与再组织。通过互联网，各个高校图书馆逐渐形成图书馆联盟，因此，图书馆需要进行跨域的信息资源的整合。这是一种范围更广的组织形式，是对本地区或本系统图书馆信息资源的组织与配置。

从宏观的层面上来看，各个高校图书馆大多通过资源配置来重组信息资源组织，构建一个基于网络环境的综合性文献信息服务平台，各个图书馆根据一定的管理方式和应用目的对各类分布式文献信息资源进行组织。除此之外，方便用户对信息资源进行获取也是一个主要的因素之一。

第二章　高校图书馆信息资源建设

从 20 世纪 60 年代以来，信息经济学家们从多个角度对信息产业、信息价值以及信息效率等多方面内容进行了深入的讨论和研究，从研究和讨论中得到了"信息是一种资源"的观念。高校图书馆也随着这种观念的出现，开始发展信息资源建设。本章对高校图书馆信息资源建设的现状、基本原则和方法进行了具体的描述和分析。

第一节　高校图书馆信息资源建设的现状

一、高校图书馆信息资源体系

（一）信息资源概念的界定

大多数人认为所有的物质和能量都属于资源，那么究竟哪一类物质和能量属于资源呢？资源的主要辨别方法是，物质和能量积蓄到一定程度，并且这种类型的物质和能量需要存在极大的潜在价值和开发价值才能成为一种资源。资源有许多不同的分类，一般分为物质资源、能量资源和信息资源。

（二）图书馆信息资源的内容与分类

图书馆信息资源由于出现的时期不同，所以在分类上主要以网络时代为分界点，划分为网络时代前和现如今的网络信息资源两大部分。有许多资源都是以实体形式保存在图书馆的，如缩微型、声像型和机读型（磁带、光盘等）资源。

在网络环境下，图书馆的三种主要信息资源形式为印刷型资源、电子资源和网络资源。它们三者互相配合，利用各自的优势共同组成现代图书馆的信息资源馆藏体系。

（三）各种信息资源的特点

1. 印刷型资源

印刷型资源保存了从古至今两千多年的历史，由于长期以来社会在不断进步和发展，印刷技术也随之不断改进。正是因为印刷技术的出现，人类文明、信息积累以及文化知识才能得以保存至今。印刷技术是人类文明成长的文化产物。许多文化知识都是以书籍、杂志的形式保存的，而且对于读者而言，对这一种形式在使用上更加熟练。可见，电子出版物即使是一种新的阅读方式，但也很难对传统阅读方式造成一定的影响。

2. 电子资源

电子资源的出现在一定程度上改变了信息和知识的传播方式，并且在信息知识获取的方式上也有了一定的改变。电子出版物的优势也是传统出版物所无法比拟的。由于电子出版物的出现，国内外许多学者甚至扬言电子出版物将取代印刷型资源。虽然，这个论证在多年后被人们否定，但是电子资源已经在信息资源中占据优势地位。

随着图书馆的电子化和网络化的不断发展，电子出版物在信息资源体系中占据着越来越重要的地位，电子出版物的发展也带动着资源共享功能在电子资源馆藏中的比例不断升高，从而在今后很长一段时间里，将形成电子资源与传统资源互补、共存的局面。

二、高校图书馆电子资源的现状

（一）我国高校图书馆引进电子资源的阶段

1. 国际联机阶段

我国各大高校从 1980 年到 1989 年，在这不到十年的时间里共有 18 个国际联机检索系统投入使用。在这 18 个国际联机检索系统，使用频率最高的就是美国 Dialog 国际联机检索系统。该检索系统的最大特点就是拥有庞大的信息量。正是由于这一特征，Dialog 国际联机检索系统在我国图书情报界赢得了良好的口碑。

在互联网普及之后，互联网的多种检索平台也大量投入使用。至今，在我国拥有最大用户群体的是 Dialog 国际联机检索系统，但是该检索系统高昂的检索费用，也令很多用户望而却步。

2. 单机版光盘数据库阶段

CD-ROM 第一次公开是在 1986 年美国芝加哥召开的国际联机检索会议上。CD-ROM 的出现受到很多人的喜爱，因为它具有大容量、易于保存和方便检索的特点。我国早在 1986 年就引进了光盘数据库，当时引进的是美国国立医学图书馆医学文献分析和检索系统数据库。

我国在之后几年中，引进光盘数据库的数量逐渐增多。但是对于单机版的光盘而言，光盘本身容易损坏，所以它会对读取设备有一定的要求，并且其内容信息不易共享，单机版光盘数据库随着网络时代的发展逐渐被淘汰。

3. 网络版学术数据库阶段

随着网络技术的发展，从 20 世纪 80 年代以后，信息化热潮在全世界盛行。我国在 1994 年建立了中国教育与科研计算机网，是我国第一个信息化基础设施，也是第一个符合 TCP/IP 协议的全国性计算机互联网络。中国教育与科研计算机网的出现为我国建设网络数据库打下了坚实的基础。

我国高校教育为了培养高层次的人才，在 1996 年开始建设"211 工程"其目的是重点建设百所高校。作为我国高等教育总体规划中三个公共服务体系之一的"中国高等教育文献保障系统"就是在这样的背景下产生的。中国高等教育文献保障系统的全称是 China Academic Library&Information System，简称 CALIS。CALIS 建立的宗旨就是将先进的技术手段与高校信息资源和人力资源整合为一个整体，能够实现信息资源的共享，能够让数字图书馆为更多需要的人服务。

CALIS 指的是三级网络结构，由全国中心、地区中心和成员馆组成。其将管理中心设在了北京大学，并下设了四个全国文献信息服务中心，分别是文理、工程、农学、医学；还在华东北、华东南、华中、华南、西北、西南、东北七个地区设置了文献信息服务中心，以及一个东北地区国防文献信息服务中心。

（二）高校图书馆引进电子资源的方式和流程

现阶段，高校图书馆电子资源的引进主要有以下三种方式：

第一，从数据库提供商或信息服务提供商处购买或取得使用权；

第二，将馆藏的印刷型资源数字化；

第三，搜集互联网信息，并进行整理和组织，形成自建电子资源。

以上三种方式都有各自的优缺点，电子资源建设最主要的方式是第一种，很多高校在进行电子资源的建设时一般采用后两种方式。

国外电子资源主要的引进方式是由两个全国性中心组织各大高校进行"集体采购"。这种"集体采购"的方式，一方面能够帮助大多数高校减少谈判环节的时间，另一方面能够凭"集体采购"的力量，在供应商那里争取到更优惠的价格。

第二节 高校图书馆信息资源建设的基本原则

一、思想性原则

在文化建设的过程中，高校图书馆承担着十分重要的责任与任务。高校图书馆进行社会服务的物质基础是馆藏文献资源，而馆藏文献资源是通过高校图书馆自身的文献资源建设构建起来的。

因此，高校图书馆在文献资源建设中应主动适应社会主义文化建设的基本要求，收藏有利于人们树立正确的世界观、人生观、价值观，形成良好社会公德的文献资源，如学术价值和艺术价值高的文献资源，并要充分发挥馆藏文献资源对人们世界观、价值观及行为方式形成的积极作用，以体现馆藏文献资源建设为社会主义文化建设服务的思想性原则。

二、针对性原则

进入 21 世纪以来，随着信息技术的不断发展，知识信息爆发式增长，各大高校学科专业扩展较快，书刊数量也随之迅速增长，书刊的价格也逐年上涨。据调查统计，书刊的价格每年平均涨幅 10%。除此之外，随着网络信息的扩大，智能化生活环境的增多，新的技术平台与信息环境对高校图书馆的馆藏建设和服务提出了新的要求。

书刊价格的不断增长，对经费有限的高校而言，是一种巨大的压力。因此面对这种形势，高校图书馆应该根据本校的办学规模和现有经费情况，有针对性地开发有价值的文献资源。比如高校图书馆在经费有限的情况下，要避免"大而全""以用为主"的藏书建设原则，要根据本校的实际情况和现有需求原则，以满足师生读者的需求为基本目标。高校图书馆在收藏文献资料上要符合本校学科专业的要求，并且在建设馆藏文献资源上不但要有针对性而且要"专而精"。

三、计划性原则

文献资源建设经费对高校图书馆而言都是有限的，如何合理使用有限经费，是高校图书馆文献资源建设的关键。高校图书馆应根据学校教学科研发展的需要及图书馆的任务，制定出一个时期内馆藏文献资源发展的规划，对馆藏数量目标、购书质量、特色目标做出具体的规定，对各类文献的选择标准、复本量和经费预算等也应有所确定，以便合理安排文献资源建设经费，提高文献资源质量，保持馆藏活力，使文献资源建设能有计划、有目的、有步骤地进行。

四、系统性原则

文献的系统性原则表现为文献内容的系统性和文献出版过程的连续性。文献内容的系统性是指文献所记录的知识信息内容本身具有系统性。文献出版的连续性是指文献在出版的过程中具有计划性和连续性，其中大部分文献是有计划的连续出版物，而有些文献，如期刊、报纸、多卷书等则是逐年、逐月、逐日出版的。

因此，高校图书馆在文献资源建设过程中，应保持学科专业文献在内容上的历史连续性和学科的完整性，反映每一专业领域发展变化的过程，并体现最新的研究成果，特别是对反映某一专业发展过程的连续出版物要无间断地收藏，对因各种原因没有收藏的那一部分要想办法进行补充，以保证其完整无缺。

五、效益性原则

文献资源建设的根本目的是开发利用资源，使资源建设发挥出最大的使用效益。20 世纪 70 年代，一些经济发达国家把经济学原理引入书馆中，出现了图书馆经济学这门学科。高校图书馆馆藏文献资源建设同高校图书馆的经济效益密切相关。馆藏文献资源建设得越好，图书馆提供给读者的就是更完善、更有用的文献资料，其发挥的社会效益同馆藏文献资源的建设程度成正比。

效益性原则是高校图书馆馆藏文献资源合理构成和配置的重要依据。馆藏资源的利用率是馆藏资源使用效益的最佳体现。高校图书馆应掌握不同层次读者的不同需求，根据资源利用情况，及时合理调整资金投向，尽快实现资源共享，以提高文献资源的使用效益。

第三节　高校图书馆信息资源建设的方法

一、图书馆特色数字资源概述

（一）特色数据库概念

"特色数据库"在图书馆网站和信息服务机构中的叫法是各不相同的，"特色资源""专题特色库""特色收藏""自建特色资源"等都是在图书馆网站上对"特色数据库"的称呼。

在社会信息系统中图书馆是其重要的一部分，图书馆担任社会信息系统中建设、开发等职责，目前高校图书馆数字资源建设的首要任务就是建设特色数据库。

图书馆的建设初衷是满足用户的信息需求，而特色数据库是利用图书馆的特色馆藏和丰富的网络资源建立的，特色数据库不仅能够对某一学科或某一专题进行深层的揭示，而且还能够系统化的将信息加工处理、存储。特色数据库是能够满足用户个性化需求的信息资源库。

可见，特色数据库在高校图书馆中是为了充分开发馆藏文献信息和网络信息资源而建立的。特色数据库不仅能够反映出本馆馆藏信息资源特色，还能充分体现出学校的建设特色，为用户提供了个性化的信息服务，并且特色数据库是按照一定的标准和规范建立的。

（二）特色数据库类型

图书馆特色数据库按照不同的标准可划分为不同的类型：根据建库方式的不同，分为本馆自建数据库、引进数据库和协作共建数据库三种类型；根据内容特色的不同，分为地方特色数据库、民族特色数据库以及学科特色数据库等；根据存储描述方式的差异，分为全文型、事实型、数值型等源数据库及目录、文摘、题录等书目线索型参考数据库。

我国高校图书馆的特色数据库大致划分为五种类型，它们分别是馆藏特色数据库、地域特色数据库、学校特色数据库、学科特色数据库、学科特色数据库。

二、高校图书馆特色数据库建设意义

目前，我国高校图书馆特色数据库不仅能够成为师生获得信息和学习知识的主要来源，也能够成为学校开展科研工作的重要保障，可以说特色数据

库是一个具有方便性、实用性、科学性的大型知识库,从上述内容中也可以看出,高校图书馆特色数据库的建立对师生对学校都有巨大的意义。

(一)开发和优化馆藏信息资源

在高校图书馆中建设特色数据库是一项重要的任务,特色数据库能够开发和优化馆藏信息资源,能够将分散零乱的文献资源有序地整理出来;特色数据库还能够将信息资源深层次加工,将传统文献通过网络进行传播从而转变为数字化资源,使传统文献能够在网络中得到新的知识价值。

(二)拓宽服务空间,提高服务水平

高校图书馆建设的特色数据库为了能够提高服务水平,不仅为本校师生提供服务,而且还将服务空间拓宽至社会大众,为更多人提供服务。这不仅能让社会获得高效率的信息服务,也能在一定程度上提升特色数据库的经济价值和使用价值。

高校图书馆通过建设特色数据库,形成了更多新的信息服务模式,这样能够吸引更多的读者,使信息资源得以充分利用,同时在一定程度上也使图书馆的服务空间得到了一定的扩展。建设特色数据库,也使图书馆的工作人员对信息的收集、加工、处理能力得到了一定的提升。图书馆的工作人员也能在了解用户的信息需求的同时,逐渐提高服务水平。

(三)实现高校图书馆馆际间信息资源共享

在没有建设特色数据库之前,高校间很难实现共享信息资源,可以说特色数据库的建设解决了这一大难题,使高校图书馆馆际间实现了信息资源共享。各大高校特色文献资源是支撑高校图书馆赖以生存的基础。高校图书馆之间数据交换的主要内容集中在馆藏信息资源数字化、信息实体虚拟化以及信息利用共享化等,这些内容还是实现资源共享的关键。

高校图书馆应当走馆藏文献资源特色化的发展道路,建立和完善具有自身学科专业特色的数据库来参与共建共享体系。

三、高校图书馆特色数据库建设指导原则

现如今,评价 所高校信息资源的关键,就是看该高校有没有建设特色数据库。各大高校不但要结合本校的实际需求,还要根据自身的特点,建设具有地方特色的信息资源数据库,尤其是要建设本校特有的专业,以及学校教学科研急需的数据库。建设特色数据库要遵循以下原则。

（一）要坚持标准规范性原则

在建设高校图书馆特色数据库时，标准化和规范化建设是数据库质量的根本保障，也是能够实现各大高校图书馆之间共享信息资源的前提。资源建设的各个环节都能够反映出特色数据库建设的规范性，如书库的收集、录入、加工等各个环节都要遵守规范性建设。

只有完全遵循资源组织、数字化加工、资源服务等方面的标准和规范，才能够保证数据库之后发展的可持续性。

（二）要坚持特色性原则

建设特色数据库的根本所在是数据库的资源内容要具有自身的特色，在内容的建设上要从多方面、多种渠道收集不同的具有价值的特色信息资源，并在收集过后将内容丰富和完善。只有建立出特色的数据库内容才能够吸引更多的使用者。

高校图书馆在建设具有特色的数据库时，要充分将本校的专业优势和资源优势融入内容建设中。高校图书馆在建设数据库的同时不但要考虑到地方特色、馆藏特色、学科专业特色等，还要考虑到建设的数据库在本行业中是否具有一定的权威性。高校图书馆在建设数据库时不要求全求大，要突出自身的优势才是关键。此外，高校图书馆在建设数据库时要考虑到特色的服务方式充分利用自身的资源优势，提供特色服务。

（三）要坚持实用性原则

特色数据库的建设还要考虑实用性原则，要使馆内的各种馆藏资源充分发挥作用，并且将使用者的需求作为基本目标。实用性既要以"用户至上"为首要目标，要多了解和调查用户的信息需求和资源需求，也要将数据库的使用价值进行全面的分析，保证数据库的建设能够满足社会和读者的全面需求，并且能够深层次的开发信息资源，实现数据库的价值。

评价一个特色数据库的价值，不仅要看数据库的建设是否能考虑到用户需求的方方面面，而且要看数据库是否方便快捷。所以高校图书馆在建设特色数据库时要以实用性为原则，使建成的特色数据库操作简便，检索高效，服务周到。

（四）要坚持共享性原则

高校图书馆在建设特色数据库时，还要考虑到共享性原则。共享不仅能够使数据库充分发挥自身的功能和价值，而且可以让更多的用户参与进特色数据的建设当中。它不仅能够节约特色数据库的使用成本，而且能够得到用户及时的信息反馈，也有利于发现特色数据库的缺点，能够更好地提高特色数据库的质量。

所以高校图书馆在建设特色数据库时，要打破各自为政的局面，要实行团队合作，联合建库，通过彼此协作使开发和利用特色资源的综合能力得到提高，从而实现特色资源的合理配置和有效利用。

四、数据库建设存在的主要问题

（一）特色数据建设标准不统一

标准化和规范化的特色数据库是实现信息资源共享的基础，而建设特色数据库的目的只有一个，那就是使信息资源能够通过网络传播，能够充分地被广大用户了解使用。

但是，通过调查发现，当前特色数据库存在着一个严重的问题就是建库标准不统一，绝大多数图书馆在建设特色数据库时，很多标准都不能达到统一，如元数据、用户接口、资源检索等。如果这些内容达不到统一，就会导致信息资源很难实现共享，不利于资源的利用和迁移。

虽然各大高校图书馆在建设特色数据库时采用了相同的技术平台，但是资源元数据管理、元数据提供等方面都未形成统一的标准，这就很难实现特色数据库馆际之间的资源深度融合。

（二）资源组织方式单一

通过对许多"211"高校特色数据库的调查发现，大多数高校图书馆的特色数据库的资源组织方式过于单一，往往只是按照标题或作者等资源的外部特征进行组织，并未从资源内容和资源特征上进行组织，如果资源组织形式过于单一，就不利于用户及时有效地获取各种信息资源。

（三）特色数据库的交互性较差

在建设特色数据库时，要充分考虑到数据库的交互性，如果交互性较差，就会影响到系统的"黏性"和资源的访问频率，所以为了吸引用户能够长期使用，就要提升系统的交互性。

如今绝大多数的数据库都只是单向为用户提供服务，并没有实现交互的功能，这会导致用户无法对资源的好坏进行评价，也不能对自己喜欢的资源进行个性化管理。

（四）资源检索功能存在不足

评价特色数据库是否完善的一个基本标准就是信息资源的浏览和检索功能是否方便快捷，如果信息资源检索功能足够便捷，用户就能够快速得到需要的信息资源，这在一定程度上帮助用户节省了许多时间。

但是现有的特色数据库都仅提供了信息资源的查询功能，检索功能并未得到开发和实现，主要是由于检索功能对用户的信息素养有一定的要求。

因此，特色数据库的全文检索和布尔逻辑检索功能对用户而言是至关重要的。当前特色数据库急需改进的地方就是要提升检索功能，并对检索结果进行二次组织。

五、高校图书馆特色数字资源建设

（一）特色数据库建设选题原则

特色数据库的建设要以学校图书馆服务的对象和服务的内容为重心，并且要根据地域特色和馆藏特色，有重点地建设和开发某一领域或某一主题的信息资源。另外，高校图书馆要以学校当下和长远的需求为首要目标，并且在建设特色数据库之前要确定好特色数据库未来发展的方向。笔者认为，高校图书馆在建设特色数据库时要遵循以下的原则。

1. 避免重复

由于人力、物力、财力十分有限，为了避免浪费这些有限的资源，所以高校图书馆在建设特色数据库时一定要避免重复建设。重复建设不仅会消耗大量的人力和财力，也会给特色数据库的建设带来各种各样的问题和弊端。

所以高校图书馆在建设特色数据库前，一定要对数据库中的信息资源做好充分的分析和调查，通过收集到的信息进行充分的论证并确定主题，只有这样才能避免重复建设的问题。

2. 内容和形式上是否体现特色

在建设特色数据库时，能够吸引用户的关键就是数据库的内容上是否有自身鲜明的特色，数据库的形式安排是否合理、便捷。因此，高校图书馆在建设特色数据库时不仅要充分考虑到用户对特色信息资源的需要，而且还要考虑到数据库的建设在全国高校范围内是否具有权威性，是否是其他综合型数据库所无法替代的。

3. 选题是否突出自身优势

全国各大高校在多年的建设发展中早已形成了自身特有的优势和重点的学科领域。因此，高校图书馆在特色数据库的建设中要充分将本校的专业优势、资源优势和信息资源相结合，同时要考虑到数据库是否能够与本校相关重点学科相关联，是否能够在较长时间保持领先的地位。

4. 是否具有较高学术价值和利用价值

在建设特色数据库时，不仅要考虑到数据库的实用性，还要看数据库的建设是否能够满足学校科研的需要，并且还要看数据库在国内外是否具有较高的学术价值和权威性，因此高校图书馆在建设特色数据库确认选题时，要立足于用户的需求，要根据教学内容和学科研究的实际需要，考虑其实用价值和需求程度。

在建设特色数据库时，选题的方向是关键，好的选题是在充分的调查、研究、分析中实现的，选题不仅要根据高校自身的特色，而且还要明确用户的范围。

特色数据库的选题要以自身特色为前提，以用户需求为重心，以不重复建设为总原则。总之高校图书馆在建设特色数据库前，要结合各个部门和相关单位，考虑人力、物力、财力等现实条件和社会发展的需求，选择合适并且能够持续发展的主题。

（二）特色数据库建设选题方法分析

1. 需求分析法

任何特色数据库都是为使用者而建设的，都要以用户的使用频率和需求作为数据库建设的衡量标准。因此，高校图书馆特色数据库在选题时，必须要考虑到方方面面的需求，不仅要掌握读者和用户的需求还要考虑到社会的需求。

分析需求要从两大方面考虑：

一是从信息资源中提取用户的需求，即从学校馆藏和网络中挑选出最集中的信息资源；

二是从用户的需求中发现信息资源，即根据用户提出的需求，从馆藏资源和网络资源中提取用户需要的信息资源。

2. 系统分析法

通过集成管理系统，可以对信息资源的利用率进行监控分析，可以在分析的结果中找出借阅率、续借率、预约率高的参考文献，可以将这些参考文献进行数字化加工，制作成电子文档方便用户查找使用。

3. 读者调查法

为了征集读者对特色数据库建设的需求和建议，可以采取网上问卷调查的方式，这样能够快速直观地了解到用户的需求，也能得到用户对特色数据库使用的反馈。

高校图书馆在建设特色数据库前要组织相关人员对信息资源的状况做出细致的统计，根据统计结果确定服务对象的范围，找到适当的主题；也可以通过网络问卷调查的方法，了解到社会对特色数据库的需求，并且能够有针对性地确定项目选题，避免重复建设或没有需求的选题。

4. 专家评估法

以上三种方法是为了确定特色数据库的主题，而专家评估工作是确保和提高特色数据库建设质量的重要环节。当确认候选主题以后，高校将候选主题交给相关领域的专家，由专家进行最后的评估和确认，最终确定合适的选题进行建设。

高校图书馆如果要建设特色数据库，首先在选题上要考虑到本校自身的优势、用户的范围、服务的对象、信息资源的状况等，其次要经过认真的调查分析，反复论证，甚至邀请专家对其进行评估之外方可确立。同时高校图书馆在建设特色数据库时要遵循"用户为主，需求第一"的原则，使特色数据库能够一直保持实用性、先进性和可发展性。

（三）特色数据库系统框架设计原则

1. 实用性与可用性原则

特色数据库系统框架的实用性原则，是为了能够保证系统的运行效率和使用效率。实用性设计原则是为了能够体现出个性化和人性化的特点，也是为了使用的便捷。

可用性对系统的技术有一定的要求，要求有足够成熟的开发技术和商业化的应用服务器，系统要具有成熟、稳定、实用的特点，并且实用性和可用性需要通过层层严格论证和测试，最终得到检验。

2. 先进性和成熟性原则

建设高校图书馆特色数据库的首要目标就是要避免重复建设。重复建设不仅会消耗大量的人力、物力、财力,也会给特色数据库的建设带来各种各样的问题和弊端。因此在建设特色数据库前,要充分考虑到整个系统在未来的发展,最终数据库要面向的是整个社会。

在建设特色数据库的技术构建上,要采用先进的容器和完善的服务结构,因为所有的应用最终都会在这一个容器中运行,容器的作用是提供各种功能性引擎的接口,以实现每个业务的具体功能。

面向服务、面向组件的先进技术和理念,对于特色数据库的建设有巨大的影响,并且能够保证在未来若干年内仍然能够占据主导地位。同时,这也是已被业界广为熟悉和使用的稳定成熟的技术。设计方案和技术要顺应平台化、集成化与人性化的应用软件发展的三大趋势,构建在此业务基础平台的行业应用也将引领教育行业内应用软件技术发展的全新方向。

六、特色数据库系统详细功能设计

(一)系统配置管理

系统配置管理功能模块,包括特色数据库系统服务器管理流程,系统参数设置,对各种资源库基本信息的登记,实现对基本库、资源库的登记、修改、删除等相关功能。

1. 服务器管理

特色数据库系统服务器类型分为很多种,如存储服务器、数据库服务器、图片服务器等,这些服务器将在系统中进行注册。服务器管理流程主要有以下三个步骤:首先将各个硬件服务器配置好,其次在系统内进行用户注册,最后将相应的参数记录下来。

2. 系统参数设置

特色数据库系统中有一些功能,是根据参数进行配置的,系统参数设置是指对信息资源的数据进行配置。系统参数设置不管是在系统运行前,还是在运行过程中,可以随意进行修改。

3. 基础资源库管理

我们把资源库中的基本类型称为基本库。资源库基本类型分为很多种,如视频库、图片库、文本库等,这些类型的资料库可以分为多个具体的资源库。基础资源库管理用于登记各种资源库基本信息。

4. 基本库管理

基本库管理是为了能够实现对基本库信息的登记、修改、删除等相关功能。资源库是基本库的前提，基本库在系统中相当于对资源库进行的类型设定，基本库是其他具体资源库的模板。

5. 资源库管理

资源库管理就是对资源库的基础信息进行一定的规划管理。资源库管理是为了在系统中实现对资源库的登记、修改、删除、禁用等功能。资源库一旦被用户激活将不允许删除。

（二）资源统计分析功能

资源统计功能主要包括如下几个方面。

1. 资源数量统计

资源数量统计就是对资源库中的资源数量、所占存储空间大小、存储空间分布进行的统计。通过统计结果将得到的实际各库资源量与预计的资源量进行对比分析。

2. 资源存储统计

资源存储统计就是对各种资源库所占特色数据库存储空间大小、存储空间分布、文件类型等进行的统计。

3. 资源著录统计

资源著录统计就是对特色数据库中统计系统中已有的资源量和待录入资源量、著录人员工作量进行的统计。资源著录统计分析，在特色数据库中起到决策支持作用。

4. 资源分类统计

资源分类统计就是按照资源分类体系和资源类型进行的信息资源统计，并将特色数据库中已有资源量与预计资源量进行对比分析。

5. 资源分组统计

资源分组统计就是按照一定的条件对资源进行的分组统计，分组之后统计各库资源量。

6. 资源访问统计

资源访问统计就是对每一个资源实例进行的集中统计，从统计结果中可以得出信息资源的受欢迎程度。

（三）外部资源采集管理

外部资源采集管理功能分为以下几类模块。

1. 外部资源收割管理

该管理主要根据用户定制的收割参数，从外部收割各种与之关联的信息资源。

2. 关键词管理

根据关键词的逻辑表达式，能够让用户直接自定义收割各种关键词。

3. 收割参数设定

完成资源收割的基础信息定制，包括服务器参数定制、收割数据格式、文件大小、发布时间、数据来源等。

4. 网站信息定制抓取

网站信息定制抓取、博客信息定制抓取以及视频资源定制抓取都是通过收割参数来完成网络信息资源的定制抓取的。

5. 其他异构系统定制收割

根据收割参数，完成其他异构系统的元数据收割，并采用合理的技术方案，实现异构系统资源迁移。

6. 自动排重

当数据抓取回来之后，特色数据库系统将其与系统中已有数据进行比较，然后系统会自动进行排重。

（四）检索功能

为了方便用户进行浏览，特色数据库系统中设置了丰富的检索功能，以使用户能够快速查找资源。系统的主要检索功能有以下几种。

1. 简单检索

简单检索就是在特定资源库中对特定的字段进行检索，需要注意的是，在执行检索前需要先确定资源库和在该资源库中检索的字段。简单检索对检索的字段限定性比较强，简单检索的特点就是能够较为精确地查找某一属性的资源。

2. 高级检索

高级检索对用户的检索技能有一定的要求，高级检索是指在特定的资源库中对多个字段进行的检索。与简单检索相比，高级检索的限定性更强。高级检索是从多个维度、多种资源属性对资源进行检索的。

3. 单库全文检索

单库全文检索，从字面中能够知道，是对某一特定资源库中重要的字段进行的全文检索。需要注意的是，在进行检索前需要先选择一个固定的资源库。

单库全文检索的主要特征就是在某一资源库中，能够找到与关键字相关的所有资源。使用单库全文检索能够为用户带来方便的检索服务，并且检索的信息资源也较为精准全面，单库全文检索对用户的检索技能的要求不算太高，所以也便于用户的使用。

4. 跨库全文检索

跨库全文检索顾名思义就是对多个资源库中重点的信息资源进行的全文检索，但是在执行前，需要在资源库中进行设定。跨库全文检索能够实现用户在多个资源库中一次性查找多种信息资源，这也体现出了跨库全文检索的便利性。

5. 热点检索

热点检索就是根据用户的检索资源信息提问频率，为用户筛选出热点教学资源进行推荐。

6. 相关检索

用户可以根据教学中的内容或重点进行相关检索，相关检索技术还能够对用户提问进行智能分析，根据分析结果实现相关检索。

（五）用户交互功能

用户界面设计的质量，不仅关系到用户的使用体验，而且还会直接影响用户对数据库的评价，因此为了方便用户对数据库的评价，系统设计人员在界面设计了用户辅助著录功能、用户辅助著录审核功能、用户评论功能、用户评论审核功能、用户收藏管理功能等。

1. 用户辅助著录功能

用户辅助著录功能是指前台注册的用户，可以通过前台界面对基本信息资源资源进行修改，从而起到的作用是辅助管理员对信息资源进行著录。辅助著录功能并不是所有用户都有权限使用，只有登记用户才拥有权限使用。

2. 用户辅助著录审核功能

当注册用户通过前台提交辅助著录后，后台管理人员会对辅助著录进行审核，判断内容是否真实可靠。当辅助著录通过审核以后，就能将其代替原著录信息；如果辅助著录没有通过审核，那么就会删去该辅助著录意见。

3. 用户评论功能

用户注册完成后，就可以浏览相关的教学资源，并且可以在教学资源下方发表自己的个人评论，但这个功能只对注册的用户开放，而没有注册的用户将无法进行评论。

4. 用户评论审核功能

当用户进行评论后，需要通过后台管理员的审核，该评论才能够在前台显示。后台管理员在审核评论时，需要对评论内容作出判断，如果评论合理就给予通过，如果评论中有些敏感字词就不能通过，并且可以删除该评论。

5. 用户收藏管理功能

注册的用户，可以根据自身的兴趣爱好，添加收藏自己喜欢的信息资源，该功能只有在注册用户登录后才可以使用。

第三章　互联网对高校图书馆服务创新的要求

随着信息技术的迅猛发展，互联网信息技术日新月异，除了应用于人们的工作中，也渗透到了人们的日常生活和学习等各个方面，深刻地影响和改变着人们的生活方式。在知识经济社会的浪潮中，作为知识的"创造者""传播者"和"存储者"的高校，互联网更是起到基本性的促进作用。图书馆是高校的知识服务单位，在用户追求更加快捷、个性和准确的知识服务需求时，图书馆可以利用网络信息技术，从用户的需求出发，建立一个以用户为中心的具有服务创新性的互联网图书馆，以使图书馆能够更好地为用户服务。

第一节　高校图书馆服务的现状

一、传统服务的拓展

图书馆是高校标志性的建筑物，高校图书馆是公共文化服务体系建设的重要组成部分，它孕育着校园的文化，是知识的海洋。随着经济的发展和科技的进步，社会对高校图书馆也提出了更高的要求，传统的服务模式已不能满足用户的需求。高校图书馆需不断地更新服务内容，制定相应的图书馆服务战略，以适应时代的潮流，提高服务质量，满足用户的需求。

（一）传统服务在网络服务的拓展

日渐丰富的多元化信息资源和方便快捷的网络环境，激发了传统服务向基础网络服务的扩展，具体内容包含六个方面：信息检索服务、数字参考咨询服务、用户教育服务、信息传递服务、教学与科研支持服务、个性化信息服务。

1. 信息检索服务

基础网络的信息检索服务主要包含三个方面：一是馆藏数字资源的检索服务；二是网络资源的检索服务；三是馆藏文献目录的检索服务。

为了适应时代的潮流，满足用户的需求，国内大多数的高校图书馆已经建立了远程访问的检索系统，并提供信息检索服务。目前，我国高校图书馆在网络服务方面，最基础性的服务便是信息检索服务，且这一服务方式的开展情况较为不错，并取得了一定的成效，满足了用户的一部分需求。

2. 数字参考咨询服务

数字参考咨询服务就是网络参考咨询服务，它是信息服务的发展方向，是传统参考咨询服务的拓展，也是图书馆信息服务需加强的方面。

新环境赋予了参考咨询服务新的功能，由于互联网具有交互性的特征，传统的参考咨询服务已无法满足用户的需求，迫使传统参考咨询服务向数字参考咨询服务发展，使用户可以利用网络，通过电子邮件、Web 表单、时时在线沟通或其他功能软件向图书馆服务人员咨询问题，图书馆服务人员也用相对应的方式将用户所需答案反馈给用户。

现在，我国国内大多数的高校图书馆都已经在本校的校园网站上开展了形式多样、内容丰富的信息资源服务，较为常见的服务模式主要有以下几种。

（1）实时交互咨询服务

实时交互咨询服务为图书馆数字参考咨询服务开辟了广阔的发展前景，实时交互咨询服务就是用户与咨询专家利用网络技术可以实现那种"面对面"的同步交谈或交流的效果。实时交互咨询服务可以弥补信息检索服务在实时性方面的缺陷。

目前，我国高校图书馆开展的实时交互咨询服务的咨询效果并不乐观，相比美国研究图书馆协会（ARC）的成员馆，我国仅很少一部分高校图书馆开设了这种实时交互咨询服务，数量上尚存在一定的距离。

（2）非实时咨询服务

非实时咨询服务是指用户与咨询专家之间的对话不是及时的，这种服务模式主要采用电子邮件或 WEB 表单等形式。电子邮件参考服务在图书馆主页或参考咨询服务的网页上都设有参考咨询服务信箱的链接入口，用户通过链接将需要解决的问题以电子邮件的方式传送给图书馆的咨询馆员，而咨询馆员在收到邮件后，按咨询内容分门别类，分发给相应的咨询专家，专家则在一定时间内将答案通过电子邮件方式传送回用户。

这种服务形式的操作很简单，使用户可以足不出户就能获得咨询问题的解答，因此，非实时咨询服务很受用户的欢迎，是当今国内高校图书馆中最主要的服务形式之一。现今我国高校图书馆中提供的非实时咨询服务主要有留言板咨询服务和电子邮件咨询服务。

（3）合作式参考咨询服务

合作式参考咨询服务是指由多个（至少两家）图书馆依据一定的规范标准及合同协议，构建的一个虚拟统一平台，依托合作的图书馆的各类资源，开展网络信息服务，为用户提供信息资源更为准确的咨询服务。相较于美国开展合作式参考咨询服务的图书馆，我国开展此类服务的高校图书馆仍是少之又少。

（4）自助式咨询服务

自助式咨询服务是用户借助高校图书馆工作人员的导引，利用 help 系统或 FAQ 检索系统等现代化手段解决自我问题需求的一种服务模式。这种服务模式在我国高校图书馆内应用比较成熟，将近一半的高校都在本校的图书馆中提供了这种自助式咨询服务，甚至有部分高校在本校图书馆中还逐渐形成了 FAQ 数据库系统。

3. 用户教育服务

伴随着人类社会进入数字信息化时代，人类的生活也发生了很大的变化，传统的高校图书馆教育模式已经无法满足用户的需求，他们对高校图书馆的要求也越来越多。所以，高校图书馆非常有必要改变现有的教育模式，更新传统的用户教育内容、形式、方式和方法。目前，在线教育、远程教育等网络教育模式日益增多，这表明用户教育正在向电子化、网络化的方向发展。

现在，很多的教育模式都是可以借助网络而实现的，例如，高校图书馆的用户培育。纵观世界，网上教育已成为图书馆的主要用户教育服务，高校图书馆的教育功能完全可以借助互联网开通本校的远程教育模式，以强加本校的用户教育服务，但目前我国的这种用户教育服务还处于初级的探索阶段。

4. 信息传递服务

在网络环境的驱使下，为了满足用户的需求，高校图书馆的信息传递服务方式也作出了一些改革，摒弃了传统的信息传递服务方式，发展了网络信息传递服务。信息服务从广义上来讲，是指全球化的虚拟信息资源根据用户需求，以网络为媒介，在全球范围内从事信息检索查询的一种服务；从狭义上来讲，就是为了满足用户的需求，利用网络信息技术，为用户提供相应信息资源的一种服务。网络信息传递服务是网络环境下传统图书馆信息服务方式的延续和发展，它传递的对象是数字化、信息化、电子化的文献。这种服务模式具有快速、快捷、方便、信息精准等特点，但对于我国高校图书馆而言，这种服务的开展率、使用率并不高。

5. 教学与科研支持服务

为了帮助教师改变"教"的过程，帮助学生改变"学"的过程，高校图书馆也作出了不小的贡献，如提供教学与研究支持服务。这种服务模式的内容包括两点：一是为教师提供教学支持，给教师和学生提供链接网络课件的服务；二是为学生提供学习资料的支持，利用网络信息技术为学生提供课程指定参考书和网页式的教学资料服务。这种服务模式的目的是提高高校的教学质量和学习质量。这种服务模式在国外（如美国、英国）大学中比较流行，但在中国高校图书馆中的发展缓慢，为数不多。

6. 个性化信息服务

个性化信息服务是一种深层次的服务，是传统定题服务的扩展，是针对不同用户提供不同信息的服务方式。个性化信息服务以互联网为媒介，满足用户对信息资源的来源方式、表现形式、内容结构等不同层次的个性需求。因此，个性化信息服务的基础就是以用户为中心，这种服务方式的针对性很强，可以更好地满足用户的需求。在我国的高校中，由于受到资金、技术或设备等因素的影响，开展这种服务模式的高校图书馆并不多见，反而是在美国比较普及和趋于成熟。

（二）传统服务在其他方面的拓展

1. 馆员角色的转变

图书馆馆员在图书馆中占据重要地位。在传统图书馆里面，图书馆馆员是用户所需文献信息的提供者，是用户和文献的中介。由于网络信息技术的发展，用户获取信息的自由程度和空间更大，渠道更多。在这种情况下，馆员的工作将从"检索代理"转向"检索指导"，馆员的角色也从文献传递者转向信息资源的管理者，馆员将成为"网络信息导航员"。

2. 服务对象的拓展

传统图书馆的服务方式已经无法满足现代用户的需求，这必将导致服务方式的改变，进而使服务对象也相应发生一定的变化。在此之前，教师和学生是高校图书馆的主要服务对象。但是现在，随着网络信息的发展，高校图书馆的服务对象扩展到了校外，扩展到了社会的各行各业。随着服务趋势的扩展，相对潜在的用户在大量增加，那么需求的形式和需求的内容也会越来越多，逐渐向多样化的趋势发展。

3. 服务时间的延长

由于社会的发展和科学技术的进步，尤其是出现了大容量且不间断电源等技术，多数高校图书馆在网上提供了全天24小时不间断的服务，延长了图书馆的服务时间。

二、数字环境下高校图书馆新的服务方式

当今社会正处于科学信息技术迅猛发展的阶段，将新的技术应用到高校图书馆服务建设当中是一种必然趋势。在数字环境下，图书馆对于信息的需求、获取及服务等都会有很大的变化，这种新的环境下如何把握好用户需求和利用好信息网络数字化条件是值得深度研究和探讨的。

（一）学科信息门户服务

学科信息门户（Subject Information Portal）也称"学科信息网关"（Subject Information Gateways 简称 SIG），是指将特定学科领域的网络资源、工具和服务集成为一个整体（独立或分布式的信息门户网站），为用户提供的一种具有科学性、方便性的信息检索和服务入口，它是网络指南、资源导航、指示数据库等服务的进一步发展。这种服务方式更加突出了个性化服务的发展，采用了更为先进的信息技术。

学科信息门户服务作为一种先进的、科学的、新型的服务方式，它通过灵活的整合，按照用户的要求对网络中的相关信息资源进行更有针对性、更加深入的揭示，以给用户"指明方向"和提供更资深的信息服务。学科信息门户服务所提供的的每一种资源，都是经过图书馆员慎重选择和描述的，这有助于有科学背景的专业用户在本学科领域的信息资源库中选择高质量的资源信息和获得"一站式检索"，无须再逐个去访问单独的网站，为用户提供了便利。它在服务方式上以用户为中心，用户根据自己的需求定制自己所需信息，网站根据用户请求将有用信息及时发送给用户，不需用户查找，当用户打开浏览器就可以看到自己所需信息，而其不需要的内容则不会出现。这样的服务方式被称为以用户为中心的网络服务方式。

（二）网络信息资源导航服务

网络信息资源导航是对互联网上某个领域的信息进行收集、整理、组织和

有序化的资源重建工作，并将这些资源情况提供给用户，供用户查找和获取。

随着信息技术的飞速发展，高校图书馆网络信息资源导航服务，不仅是时代发展的必然趋势，也是高等教育改革和发展的需要，更是高校图书馆自身发展和深化服务的需要。

（三）搜索引擎服务

以百度、雅虎、谷歌（Google）等为代表的搜索引擎的出现，解决了网络信息资源给用户的专制性需求所带来的杂乱无序化问题，这些搜索引擎极为方便地满足了用户对信息的需求，减少了用户的盲目无主性。

何为搜索引擎？搜索引擎由搜索器、索引器、检索器和用户接口这四个主要部分组成。其技术的工作原理是：首先，由搜索器以一定的策略在互联网中搜集和发现信息；然后，再通过索引器对信息进行理解、提取、组织和处理并存储到数据库中；最后，在用户接口及检索器的共同作用下为用户提供检索服务，从而起到信息导航的作用。搜索引擎技术的出现，使图书馆可以提供超链接。用户利用超链接在检索框中输入自己所需信息的主题词汇，便可以得到大量的相关信息资源，方便用户更为详细地浏览和查看相关信息。但是，搜索引擎技术还存在一定的缺陷，不是很完善，导致经检索后返回的信息中无关信息占比较大。因此，我国目前的搜索引擎服务仍在不断地创新、发展和完善中。

第二节 高校图书馆服务存在的问题

一、资源建设方面

高校图书馆作为直接为学校教育、科研工作服务的一个重要阵地，它的建设、资源和服务等都与学校人才培养的质量好坏有着紧密联系。目前高校图书馆在资源建设方面依然存在着一定的问题，资源建设的现状也不能令人满意。

（一）资源质量问题

眼前，各个高校都有自己的校园网，各高校的图书馆也有自己的网页，而且校内各个单位、办公室以及学生寝室也都有配置计算机或网络接口。借助网络，高校图书馆收集了数量庞大的信息资源。但是，原有的传统信息资源文献本就真伪难辨、内容颇为杂乱，现在更是有大量随意性的网络信息资源，导致高校图书馆内出现了大量的垃圾信息。这既不利于高校图书馆的资源建设，同时又给高校图书馆的开发、利用带来了一定的难度和阻碍。

（二）服务针对性不强，资源配置不合理

高校图书馆的服务对象主要是教师和学生。各高校图书馆的馆藏资源一般都是依据本校学科特点而组建的，提供的信息资源服务也带有本校特色。但是，各高校图书馆本身的局限性、图书馆工作人员的疏忽、学科单一以及校内图书馆工作人员和师生缺乏沟通等原因会导致高校图书馆所提供的信息资源与用户所需的信息资源有所出入，从而造成大量资源的闲置浪费。

（三）特色资源少

各个高校图书馆都设有自己的数据资源库，而且大部分还不仅仅只有一个。但是，这些数据库基本都是引进的或者是通过共享建立的，只有很少一部分是自建的，这最终导致各高校图书馆特色资源贫乏，无太多的特色服务可提供。

（四）资源重复建设现象严重，造成大量浪费

目前，我们高校图书馆的资源共建共享有了很大进步，各高校图书馆也都在进行数字化建设，可是并未取得多大的成效，效果不尽人意。究其原因，主要有两个方面：一方面，大多数高校图书馆的数字化建设都是一种各行其是、各自为政、互不沟通的局面，这使得高校图书馆在资源信息建设、配置的过程中出现了重复，却不自知的现象；另一方面，各高校的图书馆提供的数字资源服务过于"重复"。各个高校图书馆都提供了数字资源服务，可以说这种形式的服务覆盖面广，内容也丰富多彩，但是由于各高校图书馆在自建过程中存在重复购置的现象，资源浪费现象也是非常严重的。

因为各个高校在学科设置和重点建设方向等方面都有所不同，所以各个高校图书馆的馆藏资源文献的侧重点也会有所不同。事实上也不存在在各个领域、各个学科门类中信息资源文献都很全面的高校图书馆，同时若没有庞大的资金支持，是很难建成一个大而全面的高校图书馆的，而加强各个高校图书馆之间的合作关系，显然是一项很明智的举措。

二、深层次服务方面

高校图书馆在深层次服务方面存在着知识深层次挖掘不够、用户教育工作开展力度不够、咨询服务水平不高等问题。

（一）知识深层次挖掘不够

高校图书馆的馆员一向在整理和组织文献资料方面很擅长，但对知识层次的挖掘还不够深入。那么，如何将大量的网络信息资源科学地、合理地、有效地进行分析和整理，并对知识进行深层次挖掘，以及提供个性化、深层次的信息推送服务和知识导航服务呢？这是目前国内各个高校图书馆共同面临的一个新问题、新研究课题，同时这也证明了我国高校在图书馆建设方面还有一段相当漫长的路要走。

（二）用户教育工作开展力度不够

我国高校图书馆服务在用户教育方面的工作力度明显不够，处于比较被动的地位，其过于侧重开发数据库和各类电子资源渠道，而忽视了用户，也忽视了与用户之间的沟通以及对用户的教育培训工作，造成了用户缺乏对图书馆资源的利用和宣传意识。网络数字信息技术的发展，为高校图书馆提供了便利的条件，也间接为用户提供了内容丰富而全面、形式多样的数字信息资源。但是，如何使用户正确地获取资源、合理地使用资源以及如何培养用户获取信息资源的能力是高校图书馆所面临的新问题、新课题。

高校图书馆利用网络信息技术，除了可以为图书馆带来更多的信息文献资源外，还可以开展新形式的用户教育工作，如开设网络课堂、网络教学、网络课件等。

（三）咨询服务水平不高

咨询服务（如电子邮箱、Web表格、留言板等）是高校图书馆服务中最为常见的一种服务手段。虽然基于网络信息技术的高校图书馆数字参考咨询手段，也起到了一定的效果，但是成效并不理想，存在着服务手段不先进，服务功能不全面等一系列的问题，实时咨询服务和网络信息推送服务仅仅只是在个别的高校图书馆中有所实施。我国高校图书馆还处在数字化信息咨询服务的初级阶段，在如今网络信息技术发达的时代，明显是不足以满足用户需求的。因此，我们务必要提升我国高校图书馆的咨询服务手段。

三、高校图书馆本身存在的问题

高校图书馆除了在资源建设方面、深层次服务方面存在着一些问题外，其本身也存在着一些问题，主要归纳起来包含以下四个方面的内容。

（一）图书馆馆员专业知识的欠缺

对于图书馆管理工作而言，人仍是最主要和核心的部分，因此，图书馆馆员综合素质、专业知识的欠缺，将严重影响到高校图书馆的服务。近来，为了提高高校图书馆馆员的综合素质和专业知识，高校也聘用了一批学历较高的人才，但是馆员的综合素质和专业知识依然没有达到专业化水平，在馆员培训方面依然欠缺。图书馆的服务定位不明确、工作人员的服务意识不强，这些都是导致用户对高校图书馆服务不满意的原因。

在网络信息数字环境下，高校图书馆对本校图书馆馆员的要求是相当严格的，除了要有较高的素质素养，也要具备一定的专业知识，当然，还要掌握一定的计算机知识和网络信息技术。除此之外，高校图书馆对本校图书馆馆员的英语水平也是有一定要求的。这说明，高水平的服务是需要高素质的复合型人才支撑的，然而现实却是，高校图书馆正缺乏这种高素质的复合型人才，这也就导致高校图书馆本身很难满足用户的多方面个性需求，使其整体的服务水平也很难有所提高。因此，高校图书馆有待加强本校图书馆馆员的综合素质水平和专业知识水平。

（二）缺少完善的服务质量评估系统

服务质量评估系统具有约束性，它是一种对高校图书馆服务水平的检验方式，并且还可以起到一定的积极作用，推动高校图书馆的服务工作向好的方面发展。然而，目前我国的高校图书馆缺少完善的服务质量评估系统，这也是用户对高校图书馆服务不满意的原因之一。我国高校图书馆服务质量评估的不完善主要体现在缺乏用户的参与、较为形式化、缺乏责任感等。

（三）自动化建设水平不高

高校图书馆想要开展自动化建设，实现信息化服务，就必须具备网络信息技术和计算机相关的软硬件条件。但在我国高校图书馆建设过程中，由于受财力方面的限制，网络信息技术和计算机相关的软硬件条件配置不佳，从而影响了各高校图书馆的自动化建设水平，进而影响了高校图书馆的服务水平。

（四）服务意识薄弱

受传统观念的影响，高校领导对图书馆的重视不够，没有完善的管理机制，也没有健全的部门。这就造成了图书馆馆员的懒散、热情不高、参与度不高、缺乏责任感和事业心、用户意识薄弱，从而严重影响了图书馆服务工作的质量。

高校图书馆想要有所发展和突破，就要在服务上有所创新。在服务过程中，要不断发现问题，解决问题，总结经验，才能带来高校图书馆服务方面的进一步发展。随着我国网络信息技术的快速发展，高校图书馆在服务方面必须进行改革和创新，只有这样才能跟得上社会发展的脚步，才能为图书馆的健康、稳步发展奠定良好的基础。

第三节　互联网环境下高校图书馆的服务创新

一、互联网对图书馆的影响

信息技术的迅速发展，不仅使网络信息数字化文献及信息服务成为图书馆的主流，也在影响着用户的需求，并给图书馆的服务发展带来了新的挑战和机遇。互联网的出现，对图书馆而言，改变了用户获取知识的渠道和方式，改变了用户的阅读行为，也影响着图书馆对信息的组织形式。

（一）改变了用户获取知识的渠道和方式

图书馆在人类历史上一直扮演着重要角色，是人类信息文化储存、传承的机构。但随着社会的发展趋势，随着信息时代的来临，人们对知识信息的获取渠道也不再仅仅局限于图书馆。网络知识产业的出现和发展，以及其向图书馆领域的快速渗透，也使图书馆迎来了巨大挑战和机遇。

高校图书馆作为图书馆行业的领军者，更是担任着"先驱者"的角色，走在众多图书馆的前面。在泛在知识环境下，高校图书馆如何主动为用户提供便捷、准确、满意、个性化的知识服务是高校图书馆以及众多图书馆发展的重要课题。高校图书馆若想要重新占据人类社会知识信息传播、文化传承的核心地位，势必要贴近现今网络知识社会，改变其原有的传统知识服务方式，通过创新及多种渠道、途径、方式为用户提供更加便捷、专业化、多样化、个性化并且具有针对性的知识服务。

科学信息技术的发展，构建了一个新的网络信息环境，这也就改变了用户获取知识的渠道和方式。在这个新的网络信息环境中，人与人之间可以通过社交软件来扩展自己的人脉。虚拟的网络人际关系网，扩展了人们信息交流的渠道，人们通过网络可以获取更多自己想要获知的信息。除此以外，这个新的网络信息环境也改变了文献的形式和用户获取文献的方式，文献的机构由原来的线性结构转变为现在的多维结构，传播由原来的点面模式转变为现在的点点模式，信息查询的方式也发生了变化，由"目录→文本"转变为现在的"浏览→存储",获取方式由从本地资源转变为利用网络远程控制外地资源。图书馆的信息资源文献已不再局限于一个相对封闭的空间环境,而是更多地通过互联网实现了资源共享,使用户可以不用出门,就可以通过网络渠道获取自己所需的资源信息,这为用户提供了极为快捷方便的服务。在新的网络环境下,用户获取知识的渠道和方式都发生了变化,这就促使高校图书馆的服务方式也发生了改变,为了满足用户的需求,高校图书馆必须探索、创新,努力完善和改变服务方面的不足之处。

(二)对用户阅读行为的影响

移动互联网信息技术的发展,覆盖了我们生活的方方面面,互联网的发展对高校图书馆的用户阅读行为也产生了一定的影响。

由于生活各方面的需要,人们对手机移动设备的需求和依赖性也越来越强,它已成为我们日常生活、工作和学习中必不可少的一个工具。这些年,传统企业为了适应社会的发展和企业自身的发展,纷纷进入互联网行业。移动手机QQ、微信、微博、新闻等的发展,对用户的阅读行为产生了一定影响。以前,人们通过书籍、报纸或电视等获取信息;如今,大部分的人们通过移送手机设备便能随时随地、快捷地获取信息。移动手机设备的这些强大功能和其方便携带、随取随用等的特点,深受人们特别是年轻人群体的喜爱。基于这一社会发展趋势,高校图书馆也利用移动网络信息技术,推出了移动图书馆,以提高移动手机用户对图书馆的使用率。

现如今的社会,传统的图书馆服务形式已显得非常落后,且不能满足用户的需求。互联网的发展不可避免地影响了人们的生活,移动设备的产生又大大地为人们的生活提供了方便,高校图书馆为了适应社会潮流的发展,为广大用户提供更好的服务,推出了移动网络阅读。网络阅读是一种有别于传统纸张阅读的新型阅读方式,此种阅读方式的兴起、发展有赖于互联网的发展。网络阅读的特别之处在于其无纸张限制、无携带保存障碍、方便、并节约资源。图书保存于网络,一点即可阅读,不用案头堆积如山,耗费巨大木材资源。网络阅读的兴起,改变了用户原有的阅读行为,为用户查询及使用图书资料、信息资料提供了非常便捷的服务,也成为当今用户阅读图书资料和查找各类信息的主要方式之一,它的便利性和实用性吸引了大量的用户,越来越多的人加入了网络阅读这一行业。高校图书馆这一服务方式的改革,不仅仅是顺应了时代的发展,也改变了用户的阅读行为,同时也推动了高校图书馆的发展。

(三)影响图书馆对信息的组织形式

互联网影响了图书馆对信息的组织形式,主要包括三个方面的影响:第一,影响了图书馆内部信息资源的组织与整合;第二,影响了图书馆之间的信息资源组织与整合;第三,影响了图书馆信息资源与互联网信息资源的融合。下面是对此三方面内容的详细介绍。

1. 图书馆内部信息资源的组织与整合

对于目前高校图书馆来说,信息检索是用户信息获取的主要方式之一。搜索引擎由于具有简洁、方便的特点,获得了不少用户的认同和青睐。作为用户,自然是希望能够一步到位地获取他们所需的信息资源。在当今网络信息技术快速发展的社会趋势下,图书馆利用互联网这个媒介,引进大量的信息资源,出现了大量良莠不齐的数字信息资源,这就导致了高校图书馆的信息资源与检索方式相互分离,无法通过搜索引擎查找到所需的信息资源,给用户带来诸多的麻烦和不便。

在这样的形势下,从用户利用高校图书馆获取信息资源的角度来说,图书馆需要对那些良莠不齐的数字信息资源进行筛选、拆分、重组和集成;从提升用户对高校图书馆的体验度方面来说,经过筛选、拆分、重组和集成后的信息资源,可以利用搜索引擎搜索到,便于用户的查找使用,提高了数字信息资源的利用率,也提升了用户的体验感。

为了满足用户对信息的需求,以及方便用户获取信息,高校图书馆对馆内的信息资源进行了组织与整合。信息浏览是大多数用户获取信息的途径之一,它是一种比较随意的网络信息行为,一般都是在用户没有具体的信息需求目标的情况下使用。在这样一种新的网络信息环境中,人们想要获取所需的信息资源,几乎都可以一次性就能获取得到,非常的便捷且有效率。这是由于信息浏览和检索的道理是一样的,它也是一种信息获取的途径或方式。高校图书馆内应用了各类学科导航和门户网站等网络信息技术,经过对馆内资源的组织与整合,使用户往往只是通过一个主题或以主题为基础的导航,就能查找到他们所需的信息资源。这种在信息导航组织方面采用多线索的信息组织方式,可以使信息资源呈现一种网状分布结构,这样不仅极大地方便了用户的使用,同时也提高了用户所需信息的获取率。高校通过这种方式将馆内信息资源进行重组和整合,将用户所需信息以最佳的方式呈现给用户,从而给他们带来一种良好的体验度。

2. 图书馆之间的信息资源组织与整合

高校图书馆内部信息资源的组织与整合只是在互联网这个大环境下的一小部分信息资源组织而已，仅是实现了小范围内的信息资源整合和优化。除了馆内的资源组织与整合，还应该开展实施图书馆之间的信息资源组织和整合，这个"图书馆之间"指的是同地区的不同图书馆，或者是跨地区地域的图书馆，以实现一种范围更广的组织形式。这种图书馆之间的信息资源组织与整合，从宏观的角度来看，更多的是进行高校图书馆资源配置上的重组，将各馆的各类分布式的资源文献按照一定的管理方式、学科类别或者应用目的等组织起来，并将整合优化后的信息文献资源放在一个公共的服务平台上实现资源的共享，方便用户对信息资源的检索以及获取。

3. 图书馆信息资源与互联网信息资源融合与重组

自进入 21 世纪以来，网络信息已普遍成为人们获取知识、新闻等消息的一种首选渠道，这对高校图书馆来讲，是一个机遇。互联网是一种信息传播和储存的媒介，也是一种收集信息的渠道，它所呈现给人们的信息是共有的，而且覆盖面也是比较广的，内容也是丰富多彩的，将图书馆信息资源与互联网信息资源融合与重组是当今形势下信息技术发展的必经之路。图书馆、数字图书馆、信息网络服务机构在这种形势下也必将面临信息资源与互联网信息资源融合与重组的问题。

所谓信息资源与互联网信息资源融合与重组，就是将收集或馆藏的信息资源经过人为的筛选、处理、加工、分类等操作后，再对这些整理后的信息资源按照一定的标准或要求重新进行组合，并通过互联网传递，实现信息资源的共享，以供用户使用。高校图书馆在为网络用户提供服务时，要主动地抓住其所处时代的机遇，利用自身在信息组织方面的优势，为互联网提供高质量的信息资源，为用户提供高质量的服务。

二、互联网环境下高校图书馆的服务创新

高校图书馆是文献信息的中心，承担着为高校教师、科研人员从事教育教学、科学研究提供支持和服务的主要任务，是学校教学与科研的重要基地。随着时代的进步和网络信息技术的发展，传统的高校图书馆服务模式已很难适应时代的要求。因此，高校图书馆只有面对这种形势的挑战，利用这种形势带来的机遇，更新、创新服务理念，完善服务模式，才能为用户提供更好的服务，并使高校图书馆在这种新的互联网网络环境中持续稳步发展。

（一）高校图书馆服务创新的必要性

中国特色社会主义已经迈入了新时代，不断发展的时代背景给高校图书馆带来的不仅仅是挑战，还有机遇。高校图书馆利用时代发展带来的机遇，积极探索服务创新，以应对这种变化。

1. 培养高素质创新型技术人才的需要

高校的首要任务便是培养高素质的创新型技术人才。高校图书馆是高校的教学与科研基地，是文献信息的中心，但它也是大学生的第二课堂，所以高校图书馆同样也肩负着教育教学的责任。在新时代、新特点、新要求的作用下，高校图书馆势必要及时转变它的服务和管理理念，为培养高素质创新性的技术性人才服务，使其从以信息收集、整理、传播为主向网络化、信息化、数字化的方向发展，以满足这个时代的需求和用户的需求。

2. 紧跟学校教学科研的步伐

互联网不仅使高校图书馆的环境、工作、服务等发生了改变，同时也使高校图书馆服务对象的需求发生了改变。高校图书馆作为储存文献信息的重要场所，是学校教学与科研的重要基地。高校的任务除了要提高学校本身的教学质量和培养国家未来的优秀人才外，还包括提高国家的科研水平，创造更多的有效科研成果。作为科研人员，在科研过程中所需的科研资料大多数都是来源于高校图书馆，科研的过程与高校图书馆是息息相关、不能剥离的，科研的成果也是需要高校图书馆来支撑的。鉴于此，高校图书馆势必要利用当下互联网的环境，采用现代先进的网络信息技术，改变传统的服务模式，尽可能地与网络图书馆所提供的服务接轨，并在此基础上充分发挥传统图书馆的优势，紧跟学校教学科研的步伐，为高校师生教学和科研工作提供有力的文献信息支持和更好的优质服务。

3. 迎合社会发展的需要

当今处于互联网环境下的社会，竞争越演越烈，为了适应以及迎合这个社会的发展，各行各业都必须积极创新，以谋求各自的未来发展。高校图书馆作为高校的一个重要知识阵地，虽然所面临的竞争没有社会上的商业竞争那么激烈，但是为了自身的发展，为了满足用户的需求，为了适应社会发展的需要，也要积极地进行服务理念和服务模式的创新，改变传统思想观念，提高自身的服务水平和生存能力。

（二）高校图书馆服务创新的理念

中国特色社会主义已经迈入了新时代，不断发展的时代背景给高校图书馆带来了不断变化的发展环境，基于此，高校图书馆有必要改变传统的服务理念和管理模式，积极创新，以新的服务理念来应对这种变化。

1. 高校图书馆服务创新理念的提出

笔者从对高校大学生开展的一次有关信息利用行为的调查结果中发现了一个很鲜明的问题：网络数字信息资源、娱乐信息对学生产生的吸引力远远超过了图书馆，图书馆的周利用率次数几乎为"0"。这说明，市场化运作的数字图书馆正与传统图书馆争夺读者市场，互联网已经占据了大量的读者市场。因此，传统图书馆面临着巨大的挑战，必须改革和创新其服务理念。高校图书馆服务理念的创新是依据所处的这个时代的发展和广大用户的需求来决定的，它主要是对用户的服务观念所进行的改革和创新，以及图书馆内工作人员对服务内容进行的探究创新，还有图书馆内工作人员根据平时工作出现的情况对服务方式进行的研究和创新等。高校图书馆创新服务理念的提出也将对高校图书馆的发展和进步有着巨大的推动作用，同时也为用户提供了便利，满足了用户的需求。

2. 高校图书馆服务创新理念

创新理念是指企业或个人打破常规，突破现状，敢为人先，敢于挑战未来，谋求新境界的思维定式。创新的前提是对现状的不满足，同时，创新是建立在对市场规律和本行业发展前景正确把握的基础上。由于传统的高校图书馆的服务模式已无法满足用户的需求，无法适应社会的发展，为了保证持续稳定的发展，高校图书馆就必须利用当下网络信息环境的便利条件，对资源以及服务进行新理念的探索和创新。高校图书馆创新服务理念主要包括以下几方面的内容。

（1）以人为本的服务理念

"读者第一，服务至上"是图书馆工作人员的服务工作宗旨。这一宗旨就是把图书馆的各个方面的各项工作都纳入以人为本的服务理念上来。以人为本的服务理念就是把服务的根本放在"人"上，要注重人文关怀、倾注人文情愫、弘扬人文精神、尊重人的发展，满足人的需求等。开展高校图书馆创新服务的前提便是"以人为本"。

高校图书馆面对的"人"有两种，这两种"人"分别是高校图书馆馆员和高校图书馆的服务对象，即用户。目前，社会上存在着两种舆论，一种是用户第一，另一种是馆员第一。这两种舆论在社会群体中各有支持。中国南开大学信息资源管理系的柯平教授认为，无论是读者第一还是馆员第一，都只是看待问题的角度、出发点不同。认为且支持读者第一的舆论的一类群体，是从整个图书馆的服务角度来看待问题的；认为且支持馆员第一的舆论的，则是从图书馆的管理角度看待问题的。看待问题的角度不同，所得出的结论自然不一样。读者与馆员二者并不在一个层面上，但是二者也是相互联系的，只有将图书馆的馆员放在一个重要位置上，才能更好地发挥图书馆馆员的作用，更好地为读者而工作，真正意义上实现读者第一的服务宗旨和以人为本的服务理念。

综上所述，高校图书馆以人为本的理念相对应地也是包含两个方面内容的：一是针对图书馆馆员的，要提高馆员的综合素质素养水平和专业技能水平；二是针对用户的，在满足读者需求的同时也要适当地对读者开展教育工作，提高读者的综合素质素养等，以提升高校图书馆的整体服务水平。

（2）个性化信息服务理念

高校图书馆个性化服务理念的出发点是"以人为本"，依据用户的个人情况特点，利用先进的网络信息技术，为用户选择更适合的资源，给用户提供一种快速、便捷、高效、个性的信息服务。个性化信息是由人类个体的特性和人类的个性需求所决定的，这种信息是一种信息组合。

高校图书馆的个性化信息服务主要包含以下两个方面的含义：

第一，通过分析用户的个体特性和个人情况（如习惯、生活环境等），而主动为用户提供的一种可能性的信息服务，如信息个性化、专门性服务定制、信息消息推送等。

第二，作为使用者的用户，可以依照自己的需求和目的，在某一特定的检索功能界面上，按照用户自己的个性设置获取信息的知识结构、信息需求、表现形式、来源方式等，来促进用户对高校图书馆的好感度和使用率，同时还可以使用户在对信息资源有效利用的基础上进行知识的开拓和创新。

针对不同的用户群体、针对用户群体的不同需求，高校图书馆应该设定不同的个性化信息服务，这样才是真正的"以人为本"，才能更好地促进高校图书馆个性化信息服务的发展和创新。

（3）特色服务理念

每个图书馆都有自己独一无二的特色，这种特色可能表现在馆藏内容和服务模式上，也可能表现在管理方面，还可能表现在科研、环境等方面。我们在此讲的特色，则是指高校图书馆馆藏文献的特色。高校图书馆根据学校的性质、类别、重点学科、科研方向、地处环境等建立了适合自己本校的特色馆藏体系和特色数据库，这个馆藏体系和特色数据库在某一方面来讲是相对完整的，是基本可以满足用户需求的，同时也可以满足本校的教学、科研和重点学科建设的需要。

（4）信息资源共享服务理念

高校图书馆的信息资源共享是指高校图书馆在自愿、平等、互惠的基础上，通过建立两个或两个以上的图书馆之间的合作关系，或建立图书馆与其他机构间的合作关系，利用先进的互联网信息技术，实现信息资源的共建共享，以最大限度地满足用户对信息资源的需求。

我国高校图书馆的信息资源共享始于1957年的图书馆协作活动。20世纪90年代，网络信息技术的发展将高校图书馆的信息资源共享理念推向了一个新时代。从经济角度考虑，文献的激增和资料价格的迅速递增，导致运用新的网络信息技术实现信息资源共享是非常有必要的；从资源的重复建设角度分析，各高校在本校图书馆的建设过程中各自为政，购置了大量的重复性信息资源，导致资料浪费，如若实现信息资源的共享，则可以防止这类现象的发生。

高校图书馆以网络信息技术为依托，进行信息资源的电子化、数字化和网络化的整合，构建一个整体、相互关联、并且可以实现信息资源共享服务的网络体系。

（5）知识服务理念

知识服务理念是在知识经济背景下提出的一种新的服务理念，是对信息资源的一种深层次开发和利用，它所提供的知识信息资源应该是面向实际需要的、有效的，也是针对性的。知识服务是以知识的搜索、分析、重组能力为基础的一种解决问题全过程的服务模式。随着网络信息技术的发展，在这种新的环境下，传统的信息资源获取较为烦琐和困难以及信息资源分布零散、不均匀等问题都得到了极大的改变。依据现在的社会形势分析，用户关注的不再是简单的得到信息文献资料而已，而是能够从众多的信息资源中获取能够直接有效解决他们问题的相应信息资源、知识以及方案等，因此，图书馆的信息服务正逐渐向知识服务方向转变。这种知识服务理念的转变，标志着高校图书馆的服务理念又迈向了一个新的台阶。

（6）学习理念

高校图书馆作为学生的第二学习课程，它的一个重要职能就是成为用户的终身接受教育的场地。21世纪是一个知识化社会、信息化社会、学习化社会，那种只接受一次高等教育就一劳永逸，不必再学习的知识获取方式是根本就不存在的。高校图书馆是储备知识的中心，具有庞大的知识体系，用户可以通过图书馆学习并获取到自己想要的各个方面的知识，他们可以利用图书馆继续学习深造。对于图书馆馆员，由于传统图书馆管理机制的影响，他们之间存在一些工作作风败坏、整体素质偏低等不良现象，这些都会影响到图书馆的整体发展，因此，高校图书馆有必要引进一批先进的学习理念，对图书馆的内部结构、管理机制、馆员队伍的思想行为等进行再"教育"，打造、建设一个和谐、高效的"学习型"图书馆。

（三）高校图书馆服务创新的内容

由于社会的发展，高校图书馆的服务工作已经向着信息化和智能化，以及现代化的趋势发展。因此，高校图书馆的服务创新势在必行，并且服务创新的内容既要有针对性和个性化，同时还要继承优良的传统，这样才能充分发挥图书馆的作用。本小节所说的高校图书馆服务创新的内容主要针对的是"信息资源"的建设，高校图书馆作为教学、科研和文献信息提供的中心，在高校教学中起着重要作用。因此，积极开展实施高校图书馆的信息资源建设，利用现代网络信息技术，可以实现信息资源的共建和共享，为用户提供更加丰富的服务内容，为读者提供深层次的服务。

1. 网络信息导航

网络信息技术的发达，使得各类资源信息网站的种类五花八门，种类颇多，用户想要依照自己的目标需求找到相应的资源文献信息也有些难度，而且比较耗费精力和时间。利用网络信息技术带来的优势，设置网络信息导航，完全可以实现让服务器自动完成信息检索的功能，从而在用户和网络信息资源文献之间架起一座"互相沟通"的桥梁，实现用户与图书馆的"对话"，这样的图书馆不仅仅是一个信息收藏的机构，也是一个具有现代化、智能化和网络化的信息"提供者"，并且还具有信息通道的功能。网络信息导航的建立，能够引导用户到指定的网址或网站获取自己所需的信息资源，给用户带来更为优质的服务。

2. 信息资源的共建共享

信息资源已成为当今社会的重要资源，甚至是核心资源，它发挥着越来越重要的作用。信息资源的共建共享对高校图书馆充分发挥其功能也显得尤为重要。当下，信息技术的迅速发展，为高校图书馆信息资源的共建共享，提供了便利的条件，以及技术和环境的保障。目前，各大高校的各类信息资源平台已经建成了基本的信息资源保障体系架构，但是随着科技的进步，原有的信息资源平台已经跟不上社会的发展，也无法满足用户的需求，这就需要高校图书馆利用新环境下的网络信息技术，加强信息资源的共建共享，开发具有针对性特色服务的平台，加强与其他高校的合作，实现信息资源的共建共享。

信息资源的共建共享，在高校资源的建设方面，可以有效避免高校的重复建设所带来的资源和资金的浪费，也可以实现各个高校图书馆间的信息资源互通有无和优势互补，同时还可以提高高校图书馆的信息服务质量，给用户提供内容丰富多彩、质量更有保障的信息服务。

3. 网络信息资源的开发利用

信息资源是高校图书馆的重要内容。在网络信息技术迅速发展的社会环境下，图书馆的信息服务工作已开始向网络化、智能化、电子化和虚拟化方向发展，因此，在这样的新环境下，网络信息资源的开发利用，对于高校图书馆的服务创新工作而言尤为重要。

网络信息技术的发展，造成了网上信息资源的数量过于庞大，高校图书馆应该利用这种优势，结合本馆的实际情况，扬长避短，利用科学的方法和技术深层次地对这些网络信息资源进行开发利用，以给用户提供优质的网络信息资源服务。

对网络信息资源进行深层次开发，首先，应根据用户的需求，利用先进的信息技术对各种信息进行深入分析和处理，按照一定的主题开展信息的过滤、分解、梳理以及综合归集的工作，再编制与之相配的二次文献资源信息；其次，利用网络信息技术，将二次形成的文献信息资源进行排序或索引，形成一个庞大的信息资源数据库，并建立专业性的信息资源指引库，借助网络信息导航，为用户提供其所需信息。此外，高校图书馆还可以依据本馆的馆藏特色，结合本馆的资源文献信息，建立本馆的特色资源数据库。当然，对高校图书馆网络信息资源的开发利用，不可盲目而为，必须运用科学的方法，坚持本校的教学原则和科研服务原则，突出本馆特色。

4. 数字化资源建设

高校图书馆是高校的一个重要组成部分，其建设水平的高低将直接影响着学校的教学水平、科研水平以及对社会的服务质量。因此，为了满足用户的需求、实现电子信息在计算机网络上的自由传递和提升高校图书馆的服务质量，加强高校图书馆的数字化资源建设、实现信息数字化也是一项重要的服务创新内容。

如今，数字化图书馆已成为高校图书馆现代化建设和发展中的必然阶段，在数字化资源建设的过程中,要从实际出发、审时度势,积极而稳妥地进行高校图书馆的数字化资源建设。

高校图书馆的数字化资源建设主要包括四个方面的内容:一是提高高校领导和图书馆馆员的数字化意识;二是把本馆的印刷型文献进行数字化并放到网络上供读者检索;三是集中资金,采购全文数据库,并引进各类电子出版物;四是结合本馆的实际情况,开展特色馆藏的数字化资源建设。对高校图书馆开始实施数字化资源建设,除了可以更好地满足用户的需求外,还可以节省馆藏空间,这也是数字化资源建设的最大优势。

5. 特色数据库

特色数据库是指充分反映本馆在同行中具有文献和数据资源特色的信息总汇,它是图书馆在充分利用自己馆藏特色的基础上建立起来的一种具有本馆特色的可供共享的文献信息资源库。高校图书馆特色资源建设是图书馆数字化资源建设的发展方向,也是图书馆服务创新的重要建设内容。在新的网络信息环境下,建设高校图书馆的特色数据库,能够比较深入地、有针对性的展示本馆的特色资源文献。特色数据可建设的方法主要分为三个步骤:首先,确定主题的采集方向;其次,通过全面评估(横向评估和纵向评估),确定本馆的特色数据库;最后,要保证建成的特色数据库的标准化和规范化。特色数据库的建设工作并不是一蹴而就的,它是一项永久性的工作,要符合社会的发展需求,要经常性地检索并更新其数据库的信息资源内容,以便给用户提供最新、最全面的服务。

(四)高校图书馆服务创新的特点

高校图书馆的服务创新具有馆藏信息内容丰富、信息载体呈现多样化。读者对信息和信息服务的需求趋向复合型、多样化,信息服务快捷、准确、方便等特点。

1. 馆藏信息内容丰富、信息载体呈现多样化

网络信息技术的发展,致使与计算机相关的软硬件都得到了高速发展,这就使得计算机在存储方面、数据库技术方面的功能越来越强大,技术也越来越硬,无论是对于图书馆而言还是对于人而言,都变得更为便捷和高效。传统的图书馆印刷型文献逐渐被遗弃,它们正逐步被一些便于储存的电子文献信息资源如光盘、U 盘、智能手机等这些便于携带、储存量大、便于实现共享的设备所取代。目前,电子文献在高校图书馆中被使用的频率较高,深受用户的欢迎,电子文献内容丰富且信息载体呈现多样化,能更好地满足用户各个方面的需求。

2. 读者对信息和信息服务的需求特点趋向复合型和多样化

信息网络是一个开放式的网络环境，其知识面广阔、科学领域高度综合，用户的需求又多种多样，在信息需求内容的表达和满足方式上各不一样，这也就导致用户对信息和信息服务的需求呈现出复合型和多样化的特点。复合型和多样化的信息和信息服务需求特点，可以高效、快捷地为用户提供多样化的信息需求内容，满足用户的个性化需求。

3. 信息服务快捷、准确、方便

网络信息技术的发展，虽给广大用户提供了庞大的信息资源，但是这些信息资源内容过于丰富、杂乱，存在的形式过于分散、凌乱，并不能快捷、准确、方便地服务于用户。高校图书馆，在利用先进的网络信息技术的基础上，开发了信息检索引擎和网络信息导航。高校图书馆借助于这两大功能，可以有效地完成对各类信息资源的加工、筛选、重复和储存，以给用户提供优质、快捷、方便的信息服务。

（五）高校图书馆服务创新思路

随着时代的发展，用户的需求和成分都趋于多样化，传统的高校图书馆服务模式已经不能满足现代社会的要求，因此，高校图书馆必须在原有的基础上，以创新的思维、思路来提升其服务模式。高校图书馆服务创新思路主要包含以下三个方面的内容。

1. 高校图书馆服务形式上的创新

在新的环境下，高校图书馆要善于利用网络信息的优势，在服务形式上积极开拓创新。

（1）基于网络的信息传递服务

伴随着网络信息技术的发展，基于网络的信息传递服务逐渐成为高校图书馆的新型信息传递形式。基于网络的信息传递服务是借助于一定的软硬件环境（如计算机、扫描仪等设备），以电子邮件、传真、网络文献数据等手段，凭借先进的网络信息技术，为用户提供快捷有效的信息传递的一种服务形式。它与传统的信息传递方式不一样，信息传递的对象是电子信息、数字化资源，并且传递的速度快，质量有保障，内容也较为丰富多彩，最为主要的一点是可以节省信息传递的成本。这些年来，由于积极地开展建设，高校图书馆在资源共享、特色数据库、数字化建设、网络信息传递服务等方面都取得了一定的效果。高校图书馆逐渐成为我国信息资源传递的核心单位。

（2）基于网络的数字参考咨询服务

基于网络的数字参考咨询服务是指利用网络信息技术，以网络为指引，为用户提供参考咨询的一种服务方式。其最基本的特点就是以网络为依托，基于网络环境而进行的一种服务。这种服务方式是随着网络的发展而变化的，无论是用户群、还是咨询的内容，抑或是咨询的方式等，所提的服务是动态的。这种基于网络的数字参考咨询服务在国外的高校图书馆中比较普遍，在我国国内并不多见。

基于网络的数字参考咨询服务按照与用户的基础方式，可以分为三种不同类型的咨询模式，分别是：①异步模式，这种咨询模式主要以电子邮件、Web表单等形式实现，它是一种在高校图书馆中使用率最为频繁的咨询模式；②实时互动模式，这是一种图书馆馆员与用户面对面交流的咨询模式，具有实时性，这一特点弥补了异步模式的不足之处，是高校图书馆数字参考咨询服务的进一步发展，这种咨询模式主要利用的是聊天软件，如腾讯QQ、微信等；③合作数字参考咨询，所谓"合作"就是需要至少两个合作方（可能是图书馆与图书馆之间的合作，也可能是图书馆与契丹相关机构的合作）所组成的一个具有互相协作、互相帮助、资源共享意识的团体，利用最新的互联网技术，无时间、地域限制地为用户提供最新资源信息参考的一种咨询服务。

高校图书馆在开展基于网络的数字参考咨询服务时，要依据本校图书馆的实际情况，结合本国国情，借鉴国外的成功案例或经验，科学、合理地利用网络信息技术，提高自身的服务能力。

（3）网络信息资源导航服务

网络信息资源导航服务是依照一定的标准规范，针对某一主题或学科等，将网络上与这一主题或学科等相关的领域内的分散资源进行收集、分析整理、重复和储存的操作，并从逻辑上进行有效的关联，提供权威、规范、可靠的检索功能，方便为用户提供快速、精准信息的导航服务。

网络信息所呈现的是一种数量庞大，形式分散，内容无序、杂乱和多样的局面，它是一个没有组织的虚拟体，信息需求者想要查找到所需的目标信息就如同大海捞针一般，大多数有参考和实用价值的信息都散步在"信息的海洋"之中。那么，高校图书馆如何解决这个问题呢？这就需要高校图书馆提供相应的网络信息资源导航服务。建立网络信息导航的目的是给用户提供方便，便于他们获取所需的信息，避免精力和时间的浪费，从而使他们真正享受到高效、便捷和精准的信息服务。

（4）个性化网络信息服务

个性化网络信息服务是一种在网络信息环境下提出的服务理念，它是利用网络为满足用户的个性化需求所提供的一种服务模式。个性化网络信息服务具有针对性，它是为用户"量身定制"的，能够有针对性地将用户感兴趣的信息、所需的信息通过网络推送给他们。

高校图书馆的个性化网络信息服务是提高高校图书馆服务质量的重要途径和有效手段。按照其采用和依赖的网络信息技术，高校图书馆的个性化网络信息服务可细分为三种主要形式，分别是：①个性化推送服务或个性化定制服务，这种服务形式主要是利用信息推拉技术，开展基于电子邮件的信息推送，或者向用户定制的信息栏目、Web页面等；②个性化推荐服务，这种服务模式除了向用户提供其所需的针对性服务外，还可以主动向用户推荐其可能需要的信息服务；③个性化知识决策服务，这种服务模式利用知识提取、数据挖掘、人工智能等技术对信息内容进行加工处理，以保证向用户提供的信息能够用于决策、科研等方面。

2. 高校图书馆人力资源管理的创新

从管理学方面论述，人力资源管理对推动整个社会经济发展起着积极的作用，它是一种科学开发、充分发挥劳动者身上各种优秀素质和能力的总和。其核心内容就是通过对员工的知识技能培养，使组织内的员工与组织的工作保持最佳比例，以实现组织目标，并达到促进组织不断发展的效果。高校图书馆馆员是高校图书馆的重要组成部分之一，高校图书馆馆员素质的高低严重影响着高校图书馆的发展以及服务质量。因此，积极开展高校图书馆人力资源管理的创新，挖掘馆员的特长，满足他们的需求，能够调动他们的工作积极性，促进他们的自身发展，进而可以保证高校图书馆创新活动的顺利进行。

（1）设立学科馆员制

"学科馆员"是指具有某一学科或某几个学科专业知识背景，并能够对学科用户提供相关信息服务的图书馆馆员。"学科馆员制"是以学科为对象，建立的一种图书馆高级专门服务人员与学校某一学科相互对应的对口服务模式。高校设立学科馆员制是高校教学、科学发展的需要，是高校图书馆合理发展馆藏文献信息资源的需要，更是高校图书馆服务创新的需要。设立学科馆员制需要有一支合格的"学科馆员"队伍，在建立"学科馆员"队伍时，需要重点考察馆员的四个方面：一是要求馆员具有资深的专业知识背景；二是要求馆员具有图书馆学、情报学基础知识和图书馆业务工作能力；三是要求馆员具备较强的计算机操作能力和较高的外语水平；四是要求馆员具备良好的职业道德。学科馆员制的设立不仅仅为用户提供了更为专业的服务，也为有一定信息服务技能的馆员提供了发挥他们特长的空间，从整体上带动了高校图书馆的发展。

（2）"以馆员为本"的激励机制

"以馆员为本"主要是针对高校图书馆的管理人员来讲的。"以馆员为本"就是要图书馆管理人员重视图书馆馆员，关心馆员，为馆员的个人发展和学习创造条件，把馆员当成图书馆最重要的财富。作为高校图书馆的管理人员，在管理图书馆的同时，不仅要坚持"读者第一"的思想，也要树立"以馆员为本"的理念，通过激励机制，充分发挥和调动馆员的积极性和创造性，以利于更好地为用户服务。

建立"以馆员为本"的激励机制的具体方法主要有五种，分别是：①物质激励，这种激励机制主要是利用工资、福利、奖金等物质条件，调动馆员工作的积极性和有效性；②精神激励，通过开展教育活动、演讲或会议等方式，树立馆员的远大理想和崇高的敬业精神，从而发动他们的能动性，增强他们工作的责任感；③工作激励，将馆员安排在最恰当的岗位下，可以发挥其最大的潜能；④竞争激励，竞争可以激发人的进取心，调动馆员的工作积极性；⑤政策激励，制定科学合理的规章制度和岗位职责机制，使馆员明确自己的责任和职责，从政策上引导馆员向正向、积极的方面发展。

（3）完善人才培养机制

人才是图书馆的创新之本，完善高校图书馆的人才培养机制，对高校图书馆的建设事业有着重要意义。高校图书馆要想在知识经济中占有一席之地，真正变成一个学术性的文献信息机构，不至于被淘汰，就必须在思想观念、发展战略、组织结构、服务方式、管理机制等各方面进行探索创新。没有高素质的创新人才，高校图书馆的服务创新就是空谈。因此，完善人才培养机制是高校图书馆迎合时代发展的需要。

完善人才培养机制，要求高校图书馆建立科学的创新人才评价机制，重视对人的培养，不拘一格地选拔并使用优秀创新人才，树立馆员正确的人生观，促进馆员知识和技能的发展，使高校图书馆的人力资源团队走向科学的道路，避免出现人才的浪费或混入无所作为的人。高校图书馆可以通过建立教育培训制度来完善人才培养机制，为馆员提供在职进修、馆内培训或外出学习的机会，使图书馆馆员通过学习、培训不断地进步和完善自己，这样不仅提高了馆员的个体素质，也提高了高校图书馆整体的人力资源素质水平。

在知识经济时代，社会的迅速发展对高校图书馆既是挑战也是机遇。高校图书馆想要在这种环境中求得稳定发展，就必须不断创新，而创新的主体是人，因此，高校图书馆只有坚持"以馆员为本"的理念，不断完善人才培养机制，培养、造就人才，才能承担起21世纪赋予高校图书馆的历史使命和实现自身的可持续发展。

3. 高校图书馆硬件设备、服务环境的创新

实践告诉我们，环境可以改变人也可以影响人的心理和行为变化。科学信息技术的快速发展影响了高校图书馆的改革建设，那么，高校图书馆的硬件设备、服务环境也将影响高校图书馆的建设和发展，因此，加快图书馆的自动化设备建设，提高现代化服务水平是实现高校图书馆各项服务创新的关键因素和物质保障。

高校图书馆硬件设备、服务环境的创新主要包含两个方面的内容：一是高校图书馆内部环境的建设，在图书馆内部环境的创新过程中坚持"以人为本"的原则并兼顾本馆的文化特色，集人、文化、环境于一体，创造一个环境优雅、通风采光良好且具有科学知识殿堂感觉的新型图书馆；二是高校图书馆网络设施的建设，网络设施是高校图书馆改革、建设的必要条件，也是有效服务用户的前提条件，网络设施建设包括对图书馆原有的硬件配置（如计算机）、网络通道、系统管理软件等进行升级或更换，采用自动化的管理和统计，完善高校图书馆的整体设备配置，借助于网络与设备的相互结合，使图书馆具有自动检索查询、多媒体网络教学系统及远程教育等功能，更为快捷、便利地服务于用户。

在当今大好的形势下，高校图书馆应抓住这一契机，跟上形势的发展，迈向更新的舞台。高校图书馆在加强自身队伍建设的同时，还应坚持"以人为本"的服务理念，在服务上不断创新，以使图书馆能够顺应时代的发展和社会的需求，为用户提供更好的服务。

第四章　高校图书馆的信息服务创新

图书馆作为高校的文献信息中心，在教学和科研中一直发挥着相对重要的作用。然而，高校图书馆在互联网（Internet）信息服务方面并不健全，还存在诸多问题，这无疑阻碍了图书馆信息服务的进一步创新与发展。本章主要对图书馆信息服务的现状、互联网环境下高校图书馆信息服务发生的一系列变化以及创新途径等问题展开分析、探讨。

第一节　高校图书馆信息服务的现状

一、高校图书馆信息服务的现状

（一）传统信息服务的扩展

高校图书馆的传统信息服务，是以文献服务、检索服务、用户教育服务、报道服务和参考资料服务为主要内容的、非狭义的、综合型信息服务。这种传统服务的优点在于，它具有主观能动性，能够积极主动地去思考问题、解决问题，并能够很好地把控整个服务过程。

但由于事物在不断发展变化中，高校图书馆需要对传统信息服务进行创新。在此期间，高校图书馆应将传统信息服务所具备的科学性、有效性等精华内容作为创新基础，在此基础上将新时代信息与传统精华内容适宜结合起来，为用户提供更加优质、准确、便捷的服务。

1. 互联网文献借阅服务

就目前而言，互联网已经深入大部分高校，部分高校图书馆也已经建立了属于自己的网站，并存储了一部分电子图书。这种方式比人工服务更为便捷，因为互联网所覆盖的区域以及内容比较广泛，当用户需要搜索信息时，只要登录网站，浏览网页便可获取信息资源。

用户可以先通过互联网在线查找所需信息，了解图书馆馆藏的书目内容、纸质图书借阅情况，再在网上完成图书借阅前的预览、预借，或完成定期服务，如借书续费和馆际互借。这使得借阅服务高效、便捷，免去了往返浪费的时间。

2. 互联网文献信息报导服务

一般而言，索引、文摘、书目等都属于传统文献信息报导服务内容，而通过应用互联网等现代化手段加以展开的综述报告、课题总结、述评等高增值报导服务则属于互联网文献信息报导服务。相比之下，互联网文献信息报导的内容更为丰富，风格更多，所涉及的范围更广，使文献资源丰富的优势被充分发挥出来。

3. 互联网文献检索服务

目前，互联网文献检索服务的内容主要包括三种：数据库检索、互联网参考咨询和OPAC检索。

（1）数据库检索

CD-ROM数据库、在线数据库和自建数据库是当前数据库搜索的有利依据。国内诸多高校图书馆之所以使用数据库检索这一方式，是由于CD-ROM具有较大的容量，它的体积较小又容易保存，且保存的时间相对来说比较长，如重庆维普数据库（光盘版）等。同时，各高校图书馆利用互联网建立了与自身特点相适应的在线数据库，这不仅可以满足不同信息用户的需求，还使自身具有使用这些信息的自主权。

（2）互联网参考咨询

互联网参考咨询意味着信息用户可以通过互联网对图书馆网站上"操作指南"和"用户指南"的参考进行自主查询，也可以使用一些即时通信工具（如电子邮件、QQ和其他在线人员服务等）进行咨询答疑。

（3）OPAC检索

OPAC检索在某种意义上实现了信息资源的共建、共享。它根据参与其中的各高校图书馆所占有的资源特点进行分工，在构建联合目录数据库时，完成了在线协作编目、书目资源公共查询和馆际互借的建立，以及信息资源共享系统的建立。信息用户可以在任何时间或地点根据OPAC检索服务使用互联网进行信息检索。

(二)互联网信息服务的发展

1. 互联网基础信息服务

用户交流与获取信息的重要途径是互联网基础信息服务。其中,互联网网站服务,视频点播(VOD)服务,电子邮件(E-mail)服务,论坛(BBS)服务等是它所包括的内容。这些互联网基础服务为用户带来了全新、方便、快捷的信息资源,同时也成为与用户交流的桥梁。

2. 互联网信息资源导航服务

图书情报人员把用户查询信息的主题和与该主题相关的Web站点关联起来,并建立专业的信息资源导航库或指南库,以帮助用户检索和查询所需的信息,从而为用户查询带来极大的便利,这就是所谓的互联网信息资源导航服务。

我国建立的专业信息导航库在近些年来已取得了不小成效,如交通部情报所建立的交通信息导航库,上海医科大学图书馆建立的医学导航库等。专业信息资源导航库或指南库是对网络信息资源的进一步处理,这是一项深度信息服务,虽然有必要拥有高质量的服务内容,但事实上互联网信息资源一直处于变化之中。所以说,高校图书馆有必要及时跟踪和更新导航库或指南库,使其及时有效。

3. 搜索引擎服务

目前,搜索引擎已广泛应用于互联网操作中。常用的搜索引擎有雅虎、搜狐、谷歌、百度等。在没有有效链接的情况下,用户在检索相关信息时是无法找到所需信息的。由于图书馆信息数据库与这些搜索引擎相关联,用户在日常信息查询过程中,可通过在引擎搜索框中输入所需信息中的一些关键字或关键语句等进行快捷检索查询。然而,这种链接通常不具有设置有效滤过、筛选等功能,因此检索结果往往会包含着大量无关信息,这在一定程度上降低了搜索命中率和搜索效率,同时也暴露了当前搜索引擎使用过程中的一个突出问题。

二、图书馆信息服务的现状问题

(一)关于信息资源

在图书馆工作的专业人士都应知晓,收集信息资源是开展信息服务的重要前提条件。就目前高校图书的资源信息收集库而言,其主要来源包括数字化、电子化和印刷型资源,多样化的资源也在存储、利用和管理等方面带来了不同问题,呈现出资源多样化问题的诸多特征。信息资源的收集问题将对无缝信息服务的发展产生负面影响,因此,有必要科学地分析资源信息收集的保存、使用和管理问题,并加以妥善解决。

1. 信息资源保存问题

电子和数字信息资源成为图书馆信息资源主要组成部分是时代发展的必然趋势。这些信息资源通常采用磁盘和光盘的形式作为载体和存储设备,且这些载体都极易受外部环境影响而导致退磁、消磁等。与此同时,随着互联网技术的持续发展,互联网之中所存储的信息资源常常面临着被黑客破坏或被任意篡改的风险。

2. 信息资源质量问题

在印刷、装订的书籍等印刷型文件作为信息的主要来源时,信息需要人和图书馆工作人员在查找信息、整理建设信息库的时候,可以较为直观地去辨别真伪,去伪存真。然而,随着互联网技术的持续发展,人们的感官被各种复杂的电子信息不断影响着。电子信息的更新速度超出了预期值,与此同时,垃圾邮件电子信息应运而生,如何准确判断电子信息的价值以及如何合理科学地利用互联网资源,是当代高校图书馆迫切需要解决的问题。

3. 信息资源管理问题

印刷、装订的图书、文献等可被称为有形资源,我们通常可以根据图书分类法来对这些有形资源进行管理。但在对这些有形资源的日常管理中,根据图书管理法进行的管理其效果并不很理想,而且就现在的社会状况而言,大部分高校很难及时、有效地加工和整理更新速度快、内容纷繁复杂的互联网信息。

4. 信息资源共享问题

有形信息资料的借阅以及使用,在一定程度上受到了时间、地域等条件的限制,所以它只能在某一个特定的范围内开展。在此情况下,想要达到全面的资源共享是不可能的。与此同时,语言、文化的不同也多少给信息资源的共享带来了阻碍。

（二）关于信息资源环境

1. 信息政策与法规问题

信息政策和法规在互联网信息服务的法律监管中发挥着巨大的作用。近些年来，我国在制订有关信息法律、法规的相关政策方面取得了初步进展。

这些政策和法规具有规范性和有效性，对互联网信息服务中的非法行为有着十分重大的意义，但需要注意的是，我国的信息政策法规的系统性与严谨性还不够完善，换而言之，Internet 信息政策法规的具体内容还存在着一些漏洞。

除此之外，电子版权问题也是大家现阶段最为关注的一个问题之一，如何利用法律手段来规范互联网资源的电子许可协议是信息政策和法规需要解决的问题。

2. 信息安全管理问题

在互联网上搜索所需信息源的信息用户，将受到各种关于互联网不安全问题的困扰。当用户浏览 Web 或下载必要的信息资源时，他们会受到黑客设计的可怕病毒的攻击，这些病毒会破坏计算机中的重要数据资源和相关程序。

此外，系统中的参数将被更改，计算机将无法工作。当用户利用互联网发送邮件或者网上购物时，先进的监控技术在不知不觉中窃取、混淆或删除用户的个人数据和账户，导致信息用户遭受经济和个人的损失和伤害，使信息用户无法放心地享受信息服务，致使互联网信息服务的优越性和积极性被降低。

3. 技术问题

使图书馆能够有效、全面地将信息服务顺利开展的前提和保障，是拥有先进的信息技术，也只有得到了信息技术的支持，才能使图书馆信息服务的质量更好。

目前，先进技术广泛应用于国际图书馆界之中，如信息加工技术、信息推拉技术、知识挖掘技术等，然而，这些先进的信息技术并不能完全满足我国的使用需求。由于我国高端技术开发研究人员的缺乏，西方广泛使用的先进技术不能在我国发挥重要作用。我国信息加工技术、信息推拉技术、知识挖掘技术等相关技术的研发水平还处于初级阶段，这使得信息服务过程中存在诸多技术障碍，限制着国内图书馆信息服务的发展，对信息用户查找所需信息资源的效率产生了一定的影响。

（三）高校图书馆自身存在的问题

1. 建设重复导致资源浪费

随着信息技术的飞速发展，数字化建设逐渐成为全国高校图书馆互联网信息化建设的重要核心力量。在数字化建设项目中，需要诸多人力资源和物质的支持，国内高校图书馆能够通过投入大量资金和培养专业人才来完成数字化建设项目。虽然这种方法是可以理解的，然而，问题是由各高校图书馆建立的数字工程项目一个接一个地出现在信息资源的构建和组成的重复上。这种现象主要是由于数字项目建设中高校图书馆之间缺乏一定的信息沟通，管理层处于个人治理的状态。

部分人认为，当国内高校图书馆阻绝重复建设造成的资源浪费时，加强馆际之间的合作，专注沟通和协作，吸取大量先进技术，积极发展高校图书馆信息资源的共建共享，努力开发先进技术，成为相关人员采取的有效措施。

2. 服务性不强导致资源利用配置不当

这里所谓的服务性主要是指服务针对性，缺乏针对性是当前国内高校图书馆服务所面临的主要问题。高校图书馆服务的用户主要是教师和学生，而社会信息用户相对来说比较少。高校图书馆的信息服务人员缺乏针对性，而服务结构相对来说又比较简单，这就导致校内外的信息用户无法在短时间内找到所需的信息资源。

3. 单一的知识结构无法跟上发展要求

单一的知识结构是阻碍服务水平与时俱进的绊脚石。图书馆工作人员综合知识的缺失是其知识结构单一的一种体现，他们可能是某一领域较为优秀的人才，但是，在汇集了渊博知识的图书馆这一特殊环境之中，具备单一性专业知识的人才已经不能满足图书馆的实际工作需要。虽然在高校图书馆从事服务行业的专业型人才比较多，但由于信息用户的需求具有一定差异，所以这些专业性很强的工作人员在工作中会受到一定影响。

此外，部分国内图书馆由于自身发展的问题，致使其在机构设置、服务水平及数字资源建设等方面都处于相对落后阶段，其馆内大多数工作人员还在从事简单的借书、还书等劳动，大多数图书馆工作人员仍然从事着简单的劳动，使高素质人才严重缺乏。

总之，在高校图书馆信息服务的发展过程中，出现了各种阻碍，但只要图书馆工作人员正视这些问题，并采取有力和有效的措施将这些问题进行逐一解决，图书馆信息服务的发展就会变得更快、更好。

第二节 互联网环境下高校图书馆信息服务的变化

一、信息资源存储及处理的差异

（一）资源存储

由于大数据结构的复杂性、数据的多样性、数据量的增加以及数据源的使用的增加，大数据的存储容量必须不断扩大，只有这样才能提高处理能力和数据计算能力。大数据的出现是一个机遇，也是一个新的挑战。大数据处理技术影响着图书馆信息资源基础设施的发展，大数据技术将促进图书馆信息资源存储的发展。目前，图书馆一般采用 DAS、NAS 和 SAN 技术来存储数据。

1. 互联网存储模式

（1）直接附加存储（Direct Attached Storage，DAS）

直接附加存储（Direct Attached Storage，DAS）模式主要是一种以服务器为中心的存储方式，存储设备通过 SCSI 或光纤通道直接连接服务器，输入/输出（I/O）请求直接从服务器发送到存储设备。DAS 依赖于服务器，服务器本身是一堆没有任何存储操作系统的硬件。由于服务器独立地连接到存储设备，因此存储设备的资源难以共享并且利用率比较低。当以 TB 为单位存储信息时，DAS 存储就会变得复杂化，而且其管理成本也会随之增加，与此同时 DAS 存储也很难得以扩展，当服务器发生异常时，数据也将无法读取。因此，这种分散状态在各个方面都存在着不足。

（2）互联网附加存储

存储硬件、操作系统和文件系统等是互联网附加存储（Network Attached Storage，NAS）的重要组成部分，互联网存储模式是其所采用的中心数据，NAS 存储设备通过 TCP/P 协议连接到现有的互联网，提供数据和文件服务。NAS 设备可以连接到以太网上的不同位置，为 IAI 或 WAN 中的客户和服务器提供文件和数据存储服务。

独立的优化存储操作系统和即插即用的互联网集成是 NAS 所具备的特点。NAS 具有良好的可扩展性、易于管理和可访问性等特点，并且它能利用已有的以太网设备来解决高投资问题，所以说 NAS 对图书馆来讲有较好的应用前景。因为这不是专为存储应用程序设计的专用互联网，所以该系统存在传输速率较慢且系统不稳定、备份与恢复数据比较困难等情况，这是 NAS 系统的弊端。除此之外，NAS 系统还不够完善，不能做到支持数据库服务且它的构架还比较简单。在开放的互联网环境中，文件服务器上的单点故障会对服务系统造成极大的影响。

（3）存储区域网络

①光纤通道存储区域网络（FC-SAN）是依据光纤通道技术并由存储设备和系统部件构成的。这个存储区域是在一个独立的互联网上完成的，它在某种角度上实现了资源的集中和共享。与此同时，存储系统的多余连接逐渐增多，这不仅提高了数据设备的高性能连接以及数据备份的速度，同时也提供了对高性能集群系统的支持。

简单地说，FC-SAN 是连接存储设备和服务器的网络，具有与以太网类似的结构。服务器、以太网卡、以太网集线器/交换机和工作站是以太网的主要组成部分，而服务器、HBA 卡、集线器交换机和存储设备是 FC-SAN 的重要组成部分。随着对数据存储需求的激增，FC-SAN 理论上可以连接多达 1600 万台设备，也就是说，它具有出色的可扩展性。由此不难看出，FC-SAN 比传统存储架构具有更多优势。

传统的服务器附加存储通常难以更新，难以集中管理，并且必须关闭每个服务器以添加和配置新存储。相比之下，FC-SAN 可以在不停机的情况下增加存储空间或中断与服务器的连接。FC-SAN 也可以集中管理，并以此来降低总体拥有成本。FC-SAN 通过支持在存储与服务器之间传输海量数据块来提供快速数据备份的有效方式。

因此，传统上用于数据备份的网络带宽可以保存并用于其他应用程序。FC-SAN 克服了与 SCSI 相关的传统电缆限制，并显著增加了服务器和存储设备之间的距离，从而使连接数量增加。

②IP 通道存储区域网络（IP-SAN）是基于 IP 技术的存储区域网络，IP-SAI 采用 iSCSI 协议，支持 NFS 和 CIFS 协议。iSCSI（小型计算机系统接口）是通过 Internet 协议（尤其是以太网）传输数据块的标准。iSCSI 是一组 SCSI 指令，可由硬件设备用于在 IP 协议上运行。它不再需要专用的互联网光纤通道，允许用户在与服务器和计算机系统相同的 IP 网络上使用存储区域。在 IP-SAN 中，千兆以太网交换机取代了 FC-SAN 专有的昂贵光纤通道交换机，客户端的 ISCSI 卡或启动器取代了更昂贵的主机 HBA 卡，具有 ISCSI 接口的既经济又高效的存储设备是光纤盘阵列的替代品。

2. 高校图书馆数字资源存储系统模式设计方案

（1）高校图书馆的数字资源分类

高校图书馆的数字资源分为两部分：外购和自建。其中外购有超星数字图书、中国期刊全文数据库、万方期刊、学位论文数据库、北大方正电子图书等；自建数字资源有馆藏书目数据库、随书光盘数据库、教学视频资源（VOD）数据库、普通视频（VOD）数据库等。采用 DAS 数据存储架构模式，所有的存储容量仅有 800GB，由于存储设备容量太小且扩展性有限，存储模式一直满足不了数据猛增的需求。因此，改变 DAS 存储模式以及存储系统的升级势在必行。

（2）网络存储系统架构模式设计

图书馆分散存储这种状态，存在着存储可扩展性差、管理效率低、数据安全性不强、系统稳定性难以保障等问题，考虑到增量资源的潜在存储需求，图书馆需要建立一个具有超大容量、良好扩展性的集中存储架构，即 SAN 架构。依据 SAN 架构的两种实现模式，由 FC-SAN 转换成 IP-SAN 的成本费用较大，一般要几十万元，加之图书馆一般数据存储比较集中，所以兼容两种 SAN 模式不符合图书馆的实际，从降低资金投入的长远利益来看，设计方案应采用以光纤通道技术为基础搭建的 FC-SAN。

整个网络系统以 RG-S2724G 千兆网管交换机为核心设备和软件平台，连接和管理网络系统与各层交换机。为保证图书馆网络的安全、快速运行，我们在网络上安装了两台核心 RG-S2724G 交换机，一台是对校园 Internet 的，另外一台则是针对图书馆自身局域网络的，在校园网络中断的情况下，图书馆所有的服务器都能对到馆用户提供服务。

（二）云计算作为数据处理平台

数据库只能将一些较为简单的数据单元以及相关的数据进行处理，而传统的图书馆通常都会采用数据库作为处理数据的一项技术平台，这项平台无法处理非结构化的数据，所以目前会使用云计算技术来替换数据库这一数据处理平台。换言之，云计算成了现在大数据处理的主要选择之一。

目前云计算一般可以分为物理资源层、资源池层、管理中间层和 SOA 架构层四个层次。云计算可以采用最小的资源空间来处理大数据，图书馆管理员可以通过云计算平台对数据进行挖掘和分析，从而提高数据的处理能力。与传统服务器布局方式相比，基于分布式计算和并行计算的云计算方式更占优势，云计算能完成大量非结构化数据的可视化分析，而传统的数据库分析技术却不能，这就是云计算和传统数据处理之间的差异。

二、信息服务方式的差异

（一）一站式资源服务

随着大数据时代的到来，网络信息资源数据量庞大，加上大数据结构复杂，数据资源的存在给信息资源的获取和整理带来了很大的困难。从理论上讲，图书馆想要收集完整的信息资源是可以实现的，但是实际操作中却无法完成。这些无法实现的数据资源一般包括图书馆现有馆藏和虚拟图书馆馆藏。图书馆文献、书刊、杂志、数据库资料、电子书刊等构成了现实的图书馆馆藏资源，而虚拟的图书馆馆藏资源又包括了网络数据库、网络动态信息、在线电子出版物和在线阅读资料等等。这些数据形态各异又来自不同的数据库，想要对这些通过社交网络产生的数据进行整合必须采用大数据技术。

如何将这些结构复杂的数据进行整理，这就需要采用一站式资源服务。图书馆可以改变以往的信息存储方式，让信息服务从封闭式向开放式存储方式转变，同时用户在获取信息的时候也能主动地获取信息。想要实现这些信息服务都要依靠大数据的处理技术，大数据处理技术是对大量复杂数据的采集、集成、分析、加工和解释的过程。

图书馆一站式资源服务就是要求利用大数据技术将图书馆的所有资源整合到一起，把重复数据和不可用数据删除，为用户提供有利用价值的数据，还应该把这些整理出来的数据存储到不同的数据库或者虚拟存储空间，提高用户的检索率，为用户提供智能化的检索服务。

（二）学科知识服务

针对不同用户对信息的需求，进而对相关学科的信息进行收集、存储、加工、分析，为用户提供最专业的知识服务，这便是所谓的图书馆学科知识服务，但它的实现需要建立在知识服务与学科馆员制度基础之上。身处大环境背景之下，高校以及公共图书馆都需要普及这种学科信息服务，使用户能够获取具有学科化和个性化的信息服务。

但从某种角度来看，高校图书馆在学科信息服务上的特点更为突出，因为高校图书馆所面向的用户大多是教师科研人员、研究生、本科生等，而这些用户群体大多从事着不同程度的与科研相关的工作，所以与公共图书馆相比，高校图书馆所接待的用户群体在专业化和知识化方面会更强一些。又因为这些在校科研人员需要吸收和参考大量学科专业知识，所以他们往往需要到图书馆去获取这些所需知识，以此来大大节省时间，节省时间的多少也能在一定程度上反映出该图书馆的信息服务质量。

如何分析和组织这些新兴的主题生态系统数据已成为图书馆必须解决的问题之一。只有通过分析和处理数据才能满足用户急剧增长的信息需求。学科是服务的根基，通过对多维度学科用户群体的信息资源进行检索和下载后所留下的记录的分析来发现他们所感兴趣的学科主题，将数据挖掘和分析技术用于各学科的热点研究，并向该用户群体推送这些在研究中具有价值的信息。学科知识服务是大数据时代的产物之一，只有将新型学科综合领域构建好，才能更好地服务于图书馆用户。

（三）信息可视化服务

在互联网环境的影响下，用户获取信息的方式发生了质的变化，大部分用户都希望或已经选择了通过可视化信息来了解信息反馈的结果。而图书馆作为信息服务的核心级枢纽站也应该大力支持和加强信息可视化的研究，这样便可在一定程度上满足于用户对可视化信息的需求。

我们通常把抽象的数据通过一定的技术处理后所形成可以直接观看的形式称为信息可视化。这里所说的"技术"一般有三种，即历史流、空间信息和标签云。为数据分析和数据挖掘以及决策服务是图书馆信息服务中信息可视化技术的主要任务。要想使图书馆信息服务能够更好地服务于用户，就需要将可视化信息服务融入图书馆信息服务之中，这也是图书馆信息服务发展的一个必然走势。

将事物价值密度降低是大数据的一大基本特征。他图书馆所用的大数据分析技术是将大量信息数据密度降低，之后进行数据的分析以及挖掘，再从中找出最具价值的信息，最后将这些有价值的信息用可视化的方式向用户提供，这一信息处理方式的优点是可以节省信息资源，不会造成浪费现象。

这是一个良性循环，图书馆通过可视化技术为用户筛选以及提供最优质、最具价值的信息，与此同时，用户在检索、获取所需信息之后，还能在第一时间进行评价和反馈，将这些内容反映给图书馆，此时的图书馆可以根据用户所反馈的种种信息，了解用户所需从而对图书馆服务进行及时调整，如此便可以在以后的工作中更加注意一些细节，为用户提供更准确、更优质的信息，以达到真正满足用户信息需求的目的。

（四）智能服务

数据挖掘技术是大数据技术中使用比较频繁的一个，所谓数据挖掘就是从大量结构化、半结构化和非结构化数据中挖掘出有价值的数据，并从这些数据中找出没有被用户发现的隐性知识，将隐性知识显性化的过程。图书馆信息服务将数据挖掘技术应用在对用户个人信息、信息行为和信息轨迹的分析上面，可以对用户的信息需求进行大胆的预测，主动为用户提供个性化推送服务。由于人们可以更轻松地访问信息源以及获取信息，并且人们都希望通过更加智能化的方式获取信息，所以图书馆需要将个性化服务提升到新的水平。

知识服务的升华是智能服务，它在某种意义上是对知识服务的一种创新，同时也是图书馆信息服务的重要核心力量之一。

首先，由于图书馆具有大量的信息资源，要想将智能服务顺利实施，就需要使用大数据处理技术，将这些大数据进行分析、整合、处理，尽量能够满足不同用户的需求，之后再根据用户的相关需求制定出专业化的智能服务，以此来使用户充分感受到智能服务。

其次，图书馆产生的用户信息获取、信息利用等信息行为数据也十分宏大，如用户查询图书时留下的联机公用检索目录日志、借书和还书时产生的流通数据日志、浏览和下载数字化资源的时候产生的数据日志等等。

以上这些方面的数据都需要使用大数据进行处理，经过分析和挖掘将有价值的信息提供给用户。要想使图书馆智慧服务顺利开展，就需要将其与大数据技术相结合，图书馆智慧服务不仅可以在一定程度上促进图书馆自身信息服务制度的完善，而且还能提高用户信息使用的满意度。这便将过去过于单一的图书服务注入了人性化。

三、信息用户需求变化

造成图书馆用户严重流失的主要因素是互联网信息资源的开放度不够。图书馆的价值被图书馆信息用户逐渐弱化，网络时代的到来，使用户能够在较短时间内搜集大量专业资料，所以部分用户选择使用网络查询信息，这就是图书馆用户流失的一个原因。这种情况的出现，迫使图书馆使用大数据技术来分析用户的行为需求。图书馆管理人员通过对数据的分析和调查，来获取造成用户丢失的原因，然后根据这些原因及时调整图书馆信息服务，以满足用户在内容、时间和空间方面的信息需求。

（一）用户需求集成化

科研人员、教师、研究生、本科生以及其他工作人员是图书馆对用户划分的类别。这里的科研人员以及研究生对资源的需求已从单纯的信息上升到更为专业化和规范化的知识，他们希望图书馆更加便捷化，简单说就是，希望图书馆将所有学科资源进行整合，并最终制作成一个界面，以便于直接了解该学科最前沿的动态，这可以提高他们的查询效率。以上便是现代信息用户需求和以往信息用户需求之间存在的差异。

（二）用户需求知识化

就目前而言，图书馆单纯的提供文献资源已无法满足信息用户的需求，比以往而言，这些信息用户更希望对文献内部情况进行深入了解，并希望能够直接获取知识单元的内容，如此便形成了以内部知识共享机制为核心的信息服务需求。

图书馆可以通过将信息网络化，以分类导航的模式将信息提供给用户，这样就可以满足用户的知识单元需求服务。这项服务会成为图书馆的特色服务之一。

（三）用户需求自助化

当互联网时代尚未出现时，用户只能去图书馆阅读和借书，而图书馆的信息服务只停留在书本上，这种服务既简单又普通。

在互联网时代还没有出现时，用户只能到图书馆进行图书的借阅，图书馆的信息服务也只停留在图书借阅上，这样的服务是简单而平凡的，它不能体现出图书馆信息服务的特点。在互联网时代的今天，图书馆网络环境大大改善，各种资源应有尽有，为图书馆用户信息服务自助化打下了基础。以往的图书馆都只能在柜台办理借书和还书，由于图书馆借书还书的人较多，柜台式服务浪费了用户宝贵的时间。现在用户可以通过自助借书还书系统直接进行图书的借阅和归还，这既实现了真正的自助化，又提高了图书馆的办事效率。用户不用再受约束，可以随时完成图书借阅。

云计算技术在数字图书馆中的应用，不仅改变了数字图书馆的运作模式，而且提高了数字图书馆服务的效率。在更深层次上，它改变了数字图书馆信息服务模式，并使数字图书馆的功能和作用产生了重大变化。

1.信息服务实时化

用户的信息请求是可选的，并且没有时间或空间的限制，但作为固定信息服务组织的数字图书馆与用户存在时空距离。该距离使得用户与数字图书馆之间的通信出现时间差。当用户需要数字图书馆在某一时刻提供信息服务时，用户无法实时获得所需的信息服务，这可能导致用户在等待时放弃该数字图书馆转向其他信息服务提供商寻求帮助。这种情况对用户和数字图书馆有双向影响。

首先，用户对数字图书馆等专业信息服务提供商具有依赖性和需求。一些用户信息需求只能由数字图书馆等专业服务提供。

其次，如果用户由于时序差异而转向其他信息服务，这将减少数字图书馆的用户数量，从而造成人力和物力资源的浪费和损失，这与数字图书馆的长期发展不相容。

云计算的无限宽带和实时通信可以实现与用户的快速通信，为用户提供即时信息服务，改变了传统数字图书馆在个性化信息服务实时内容中的缺点。

除了影响数字图书馆本身，云计算还影响数字图书馆工作人员，它要求数字图书馆工作人员不仅要具备高水平的知识，还要熟练掌握和使用计算机技术，同时也要能够快速响应和分析用户信息需求。目前，数字图书馆已成功应用了个性化信息服务 Mylibrary 系统。这个系统有效地缩小了用户与信息服务机构之间的时间和空间距离，用户可以实时在线与数字图书馆及其员工互动。但是，由于该系统仍处于探索和实验阶段，因此它在主动性和全面性方面还需要进一步改进。

云计算环境中的数据传输和信息交换开放性很强，这既为数字图书馆提供个性化信息服务奠定了基础，又为缩小用户和信息服务提供商之间的时空距离奠定了基础，同时也增加了用户需求分析和需求匹配的准确度。

2. 信息服务方式多样化

传统的数字图书馆提供了一种相对简单的信息服务方式，这种简单的信息服务方式通常只提供简单的查询、收缩和显示服务，而对用户的其他信息需求和操作则难以满足。其中又以个性化信息的满足模式最为突出。在云计算之前的其他信息技术阶段，数字图书馆的基础设施和信息服务水平发展缓慢，改革效果不明显，很难跟上用户信息需求变化的速度。信息服务的效率与信息服务的内容成反比。

云计算环境中的个性化信息服务是通过个性化服务资源和个性化服务形式来实现的。在个人服务领域，数字图书馆可以考虑各种接入服务，如光纤接入、卫星通信接入和其他接入方式。

云计算不仅使数字图书馆能够提供各种个性化的信息服务，而且还为数字图书馆的未来发展提供了广阔的空间。对于数字图书馆而言，建立和谐的信息开发环境是为了打破底层基础设施设备的物理限制，促进基础设施虚拟化。

3. 信息服务内容精准化

因为用户有寻求差异的心理需求，所以要使用具有个性化的信息服务内容来使用户得到满足，由此可见，用户期望他们所获取的信息与别人不同，这便需要数字图书馆对该种用户提供具有针对性、正确的、匹配度高的信息服务内容。但需要注意的是，数字图书馆所提供的服务不仅要保证质量，还要准确匹配用户需求。

对海量数据信息的挖掘和处理是云计算的一个显要特征，只有从根本上解决信息服务提供中关于资源匹配的问题，才能使云计算环境下所提供的个性信息化服务质量发生质的飞跃，那么，对用户以及用户请求的智能分析和反馈就是有效解决这个问题的关键所在。

四、图书馆工作人员素质的差异

（一）传统图书馆工作人员素质

1. 存在年龄老化、知识陈旧的问题

许多基层图书馆都存在老龄化、知识陈旧化问题，年龄较大的工作人员所学的知识都比较陈旧，接受的都是很早以前图书馆管理的相关知识，严重缺乏现代管理基础知识、现代信息处理技术等，很多工作人员在使用计算机整理信息资源时都显得无所适从，外语的掌握情况更是堪忧，很难适应新时代图书馆的发展。同时，由于老龄化的问题，馆员的思想都比较传统，没有创新思维，他们在面对一些新问题时，仍旧墨守成规，用传统思维解决新问题，从而使问题得不到有效解决，进而阻碍图书馆的发展，因此，很多理念及技术都已经无法适应图书馆工作。所以，图书馆要想健康有序发展，为用户提供优质服务，就需要吸纳新鲜血液，并对新馆员进行一系列相应培训，定期更新知识，最终达到适应时代图书馆发展的效果。

2. 服务意识不足

在市场经济如火如荼发展的今天，人们越来越重视对经济效益的追求，而很多图书馆的薪酬并不高，但是馆员琐事比较多，工作量并不少，这就导致很多馆员在某种程度上心理失衡，从而降低工作质量，没有做到尽职尽责，更谈不上服务意识的提升。

另外，随着信息技术的发展，用户已经不再满足一般的借还服务，他们需要更深层次的信息资源服务。但是目前很多图书馆工作人员没有意识到这些发展，他们只是做好目前的工作，并没有意识到积极主动为用户提供优质服务的重要性，这样只会使他们自己被时代的脚步所淘汰。

3.责任感不强

责任感是做好任何一项工作必须具备的品质,因此,只有具备较强的责任感才能将图书馆工作做好。然而,馆员由于一直处于借书还书很基础的工作状态下,久而久之,养成一种被动服务的习惯,就缺少了一种对本职工作应有的责任感。

(二)提高图书馆工作人员素质的重要性

图书馆事业的主体是图书馆工作人员,同时,图书馆工作人员也是图书馆发展的关键因素。无论图书馆的硬件设施如何先进,如果没有较高素质的工作人员,也无法使图书馆的服务得到提高,也无法使图书馆的功能得到全面的实现。图书馆馆员素质的高低直接决定图书馆服务水平、图书馆的发展水平。因此,要想使图书馆跟上时代发展的步伐,为用户提供更多更广的信息资源,发挥出图书馆应有的作用,图书馆工作人员必须提高自身的综合素质,以适应发展需求。

随着社会对信息需求的不断增长以及信息技术的快速发展,图书馆的服务必将从传统的文献信息服务转化为知识服务,从简单的文件信息服务转化为网络化信息服务。随着图书馆服务功能和性质的不断发展、变化和提高,数字图书馆面临着希望与困难共存的局面,它的生存与发展是需要建立在丰富文献和良好用户服务基础上的。所谓的服务不仅满足于提供简单的书籍,期刊目录和检索,而且将知识服务放在第一位。

如何为用户提供越来越多的文献信息以及如何在该行动中提供全面和优质的服务,这很值得我们思考。与此同时,我们必须对图书馆存在的根本目的进行重新思考,将图书馆的工作流程和组织结构进行重新设计编排,定期对图书馆工作人员进行符合时代的培训和教育,以此来提高图书馆整体质量。为了使图书馆能够改进信息服务,图书馆界应充分利用互联网技术带来的新功能。

(三)图书馆工作人员的素质新要求

从图书馆信息服务的发展不难发现,图书馆信息服务还存在一些问题,如怎样为用户提供更加优质、快捷、精准的信息服务等,这些问题需要相关部门尽快解决。这就意味着在互联网环境下的图书馆工作人员所担任的角色逐渐向深层次进行转变,同时也意味着对图书馆工作人员的素质要求越来越高。

1. 良好的思想道德素质和心理素质

"用户至上,服务育人,处处留心,事事用心"一直都是图书馆工作人员的基本理念。作为一名优秀的图书馆工作人员,在工作中要以文明优质服务、亲情服务、爱心微笑服务为主体,具备"一切为用户服务,用户满意是一切"的根本服务思想,使用户感受到一种家的温馨感觉。另外,图书馆工作人员在品德方面要具备"五讲""四美""三心""两观"的品德,并拥有正确的三观意识。

在当今这个经济、信息、科技蓬勃发展的时代,社会各方面的竞争都是激烈的,图书馆工作人员也在承担着比较大的压力,因此,当代图书馆工作人员应具备良好的心理素质,尤其是在服务意识以及竞争意识方面。与此同时,图书馆工作人员还需要具备健康的情感品质和良好的角色适应能力,以积极的正面情绪来迎接面临的工作。

2. 合理的文化知识结构和与某一具体学科关联的创新意识

网络化、自动化、数字化是当代图书馆的主要技术特征,而学术性、研究性以及创造性的智力劳动是大多数图书馆服务工作所具备的属性,这便需要将图书馆工作人员的综合素质进行全方位的升级。也就是说,对图书馆工作人员的基本要求是其要具备图书馆专业知识以及综合性文化素养。但由于当代是一个信息化时代,因此知识宝库的内容过于丰富,想要使图书馆工作人员具备全面综合知识素质是十分困难的,若使图书馆工作人员专攻于一门学科还是有可能的,所以,较为系统地掌握一门具体学科的历史和发展现状,是顺利开展创造性工作的必要条件。

3. 强大的信息处理能力

毫无疑问,我们正处在一个知识爆炸和信息泛滥的时代。互联网上的信息纷繁复杂且参差不齐。当代图书馆工作人员必须要具有强大的信息处理能力,它主要指搜集、辨别、分析信息的能力,对信息分门别类、去芜存菁的能力,以及整理和发布信息的能力。

4. 计算机网络应用能力

目前,大多数图书馆已经引入了计算机与网络,并将它们用在图书馆各项工作中,比如,图书馆的书籍编目、采访、借阅等工作,这些项目都利用了计算机管理。再如,网上馆际合作、特色数据库的建设以及网上查询等,都需要计算机网络来处理。所以说,计算机与网络相关的知识与技能的应用,是当代图书馆工作人员应具备的能力。

5.较高的外语水平

随着知识全球化的到来,国际间的相互交流开始频繁出现,这就需要相关人员对某些跨国数据进行阅读、分析,简单来讲,部分用户需要进行外文期刊的搜索、借阅和阅读,因此,当代图书馆工作人员应至少掌握两门外语,并能较为熟练地应用在工作之中,只有这样才能在外文信息与用户之间发挥桥梁作用。从某个层面来讲,这也是工作人员在搜集、整理网络信息所必备的基本素养。

(四)提高图书馆工作人员素质的途径

1.加强图书工作人员素质、文化的教育培训

各高校应积极开展有计划、有目标、不间断图书馆工作人员的在职学习,并尽量增设一些外语、会计、计算机辅导课程等,除此之外,高校还可以利用鼓励法,并通过该方式进行双学士、硕士、博士学位等研究型人才的培养。文化素质是其他素质提高的基础。图书馆学本身就是一门综合性的学科,而我们所处的时代又是一个多元化的时代,因此,图书馆工作人员需要承担的工作比较复杂,角色也比较多。图书馆已经不仅仅是借阅书籍的地方,同时它还承担文献信息中心的作用。因此,图书馆工作人员除了要具备一些基础知识外,还应具备更加渊博的知识,如图书馆学、情报学和文献学等,也要掌握一些与之相关的其他知识,以提高服务质量。因此,在职的图书馆工作人员,在做好本职工作的前提下,要不断学习文化知识,以扩大自身的知识量,为更好地工作提供知识来源。

一般而言,通过继续教育的方式也能实现自身学习的加强。虽然目前图书馆工作人员的文化程度都已达到了本科的水平,但是由于全日制本科的人员还处于少数,因此函授教育成为现阶段图书馆工作人员提升自身素质的一个有效途径,图书馆工作人员可以通过这一便捷的方式来学习和掌握最先进的信息技术、管理方法以及外语等相关知识,这样便可以弥补自身的不足,从而达到知识更新的效果。这也是时代发展的一个必然趋势,如若不能跟上时代的步伐,则会被时代无情地抛弃。

所以,为了不被时代所淘汰,图书馆工作人员就需要使自身的业务素质不断提升。继续教育从某种角度来讲,成了图书馆工作人员的最好选择,即以不耽误工作为前提,用业余的时间进行继续教育,从而实现自身业务素质的提高。

2. 加强专项业务技能培训和各种信息网络技术培训

学校可以定期开展一些短期商业研究，并定期派遣一些人员通过相关考试获得资格；图书馆工作人员是需要面向大众服务的，因此，树立良好形象是提高服务质量的前提。图书馆工作人员需要使用文明礼貌用语，表情要大方得体，动作要轻柔文雅，服务要周到，业务要熟练。

图书馆继续加强的工作之一是提高其工作人员的业务素质水平，而加强工作人员该方面的相关培训是提高图书馆工作人员业务素质的有效途径之一。高校可以定期对工作人员进行较为系统的相关培训，如开展一些关于计算机应用的培训、英语培训、电子检索培训等。高校还可以定期组织工作人员进行一些关于责任感、职业道德等方面的讲座交流，从而使图书馆工作人员的职业素养得到提高。同时，高校还可以组织工作人员去一些开展比较好的图书馆进行参观学习，或是组织一些交流活动等。

由于图书馆工作人员是为用户服务的，所以，工作人员必须用发自内心的诚意，将用户视为工作中的老师或朋友，要体现出对知识的尊敬，进而扩展到对用户的敬意，在为用户提供服务的同时，了解用户的读书意愿、读书动机，从而为用户提供更好的服务，同时在了解了大量的意愿和动机之后，也可以得到一些有用的数据，从而为图书馆今后的发展，提供数据参考。当用户在图书馆遇到一些问题时，工作人员要主动为其提供服务，为其耐心细致地解释，通过服务姿态的提高来获取用户的信任，得到用户的理解与支持，最终达到使用户更加喜欢图书馆的目的，营造出全民喜欢读书的氛围。

3. 加强交流，举办各种专题讲座

高校可以利用业余时间，对图书馆工作者进行一些有层次、有计划、有组织以及有针对性的公平教育安排，合理地满足他们在教育方面的需求。高校可以多组织员工参加全国各类院校举办的研讨会、发表论文研究、组织业务考察以及记录工作心得等来启发思路提高科研能力。

总体而言，图书馆工作人员是图书馆发展的助力器，是图书馆发展的内在动力，在图书馆的生存和发展中发挥着十分重要的作用。换而言之，要想使图书馆的整体形象得以提升，就需要对图书馆工作人员的整体素质进行高度重视，这便需要对服务业务进行横向和纵向的不断拓展，使之成为适应时代发展的一员，极大限度地满足用户的需求，努力营造一个良好的读书氛围。

第三节　高校图书馆信息服务创新的途径

一、高校图书馆信息服务模式研究

（一）由被动向主动模式的转变

时代处于不断变化之中，这种变化为当代图书馆工作人员带来了诸多挑战，这就需要相关工作人员具有积极主动的优质高效服务，与学校的中心工作相结合。

图书馆工作人员洞察当今时代世界各学科领域的发展趋势，紧追时代发展的脚步，争取为学校教学科研人员提供最新、最准确的信息。与此同时，图书馆工作人员还要注意观察和掌握大学生成才过程中的内在心理需求以及思想意识，将学生的信息渠道来源进行调整、丰富和充实，并积极开展阅读指导、报告会专题讲座、阅读倾向调查、论文征集等，及时指导帮助大学生，这是大学生成才道路上不可或缺的内容。

现代图书馆必须注重文献信息的开发和利用，注重把"死"的知识转化为"生"的信息，为用户提供潜在的知识，并成为宝贵的智慧资源。因此，图书馆工作人员应继续开辟新的服务方式，及时向用户提供新的信息和学术研究趋势。

（二）由封闭向开放模式的转变

众所周知，收藏保管图书文献是图书馆的主要工作任务。传统的图书馆所提供的信息服务是相对封闭的、静止的、被动的。传统的图书馆主要是由图书管理员来管理图书的，而图书管理员主要通过借阅、归还的方式进行工作，在当今互联网时代，以上这种封闭型管理模式已不能适应社会新的发展需求。所以说，图书馆首先要将原有的陈旧观念进行革新，创造出一个新的管理方式，向用户敞开图书馆这个具有海量知识的大门，将封闭性服务观念彻底粉碎，尽快为学生实施一系列全方位的开放式服务，使学生真正成为图书馆的主人，使他们能在选取图书、查阅资料时，获得最大限度的自由，便于其主动性、进取性以及创造性能够更好地发挥出来。

在过去，衡量图书馆规模和水平通常是以馆藏书籍的多少为标准的，大多数人认为馆藏书籍越多就代表图书馆水平越高。但在今天看来，图书馆的目的不仅仅是藏书，更是为了让大家用书。把着眼点放在所藏图书是否能最大限度地得到开发和利用上，是衡量一个图书馆办馆水平高低的一般准则。要想使社会效益以及经济收益产生巨大增值，就需要利用大量资源。

（三）由内向型服务模式向外向型服务模式的转变

大多数高校图书馆都具有信息服务优势，而这种优势同时也可以看作是一种资源优势。但需要注意的是，在长此以往的传统观念支配背景下，高校图书馆所拥有的信息资源优势，始终停留在只满足于为学校教学科研的内向服务，致使许多宝贵的图书资料难以发挥应有的作用，造成很大浪费。

为此，我们必须端正认识，树立为社会主义市场经济服务的指导思想，在保证服务好校内的前提下，面向社会，实行开放式办馆，为经济建设主战场服务，从而进一步密切学校与社会的联系。同时，随着市场经济的发展和信息时代的到来，企业对信息的需求越来越明显。因此，"图企联合"就有了客观必然性，两者联合就能优势互补，共同受益。

我们应在这方面进行大胆尝试，尽快走出一条"图企联合"的新路子。在新的历史时期，作为人类进步重要标志的图书馆，其重要性更加明显。我们一定要抓住机遇，深化改革，转变职能，加快发展，使高校图书馆担负起文献信息中心的社会重任，更好地为教学科研服务，为促进两个文明建设作出重要贡献。

二、高校图书馆信息服务举措

（一）服务理念的创新

毫无疑问，创新的基础是先进的服务理念，因此，为了寻求信息服务的创新，图书馆不仅要实现从传统服务理念向新的信息服务理念的转变，还要在此基础上建立创新意识。这就需要图书馆革新观念、摒弃传统的消费者服务理念，实现从传统服务理念向新的信息服务理念的转变，为信息服务创新创造新的、更明智的起点。

1. 服务是一种获得

图书馆服务是获取知识传播的重要途径，它在某种程度上为公民素质价值进行了升华，并获得了满足用户需求的效果,使人们感受到自我价值得以实现的喜悦。图书馆服务为图书馆工作人员带来了高尚的荣誉、真诚的尊敬、奉献的欣慰以及文化人生的伟大。

2. 服务是一种品牌

图书馆在使用自己的馆藏资源为用户提供服务资源的过程中形成的，并长久坚持的具有特色的服务规范被称为图书馆服务品牌。

如果图书馆能够通过自己独特的或特定的规模、收藏、信息产品或特殊服务在同一行业中形成不同的优势，那么这个优势就是品牌。提高图书馆服务的质量，使用户能够最大限度地利用图书馆资源，更好地反映图书馆的社会价值是图书馆服务品牌的主要目的。

3. 服务是一种文化

图书馆的服务也是一种文化。由于缺乏限制和终端服务，所以图书馆服务的文化也十分丰富，当用户来图书馆时，图书馆工作人员负责提供良好的阅读环境，并负责找到他需要的信息。这项服务的过程是传播文明的过程。图书馆服务有自己的规范和价值观，然后这些特有的规范和价值观的总和就是图书馆文化。图书馆文化强调图书馆员普遍认同的价值观塑造，努力在图书馆内营造和谐积极的文化氛围，发挥整体文化优势，增强集体凝聚力。独特的图书馆知识、独特的人文环境、独特的行业规范和独特的价值追求，掀起了图书馆服务的文化特色。这种文化特征象征着图书馆服务的高贵、优雅、圣洁和荣耀。

（二）服务内容的创新

从图书馆服务发展的角度来看，内容拓展是图书馆服务当前需要解决的问题之一。增加信息服务和"便民服务"的内容是其主要趋势。在信息服务方面，主要是改善在线信息导航服务的内容量，提高参考服务的能力，努力从文献服务向知识服务扩展，增强图书馆服务的知识内容。

1. 为教学科研提供优质服务

随着当代科学技术的迅速发展，社会各界对教师全方面的要求也在不断提高，为了使教师保持高水平的新业务和知识结构，就必须不断学习和更新所需的专业知识。这种更新可以通过阅读书籍材料来完成，或通过查阅图书资料自学完成。

教师如果能使所授课的内容更加精准和全面化，并以全新的形式进行讲解，就能在一定程度上完成高质量的教学任务。因此教师需要大量吸收所授学科以及与该学科相关的最新科研成果，并需要找到一些相关的故事素材或案例来将所授内容进行充分分析，故而，图书馆成为查阅这些资料的首选之地。

2. 掌握用户信息需求特点

只有准确地把握用户对信息需求的特点，才能使高校图书馆的资源优势充分发挥出来，从而达到满足广大用户的需求。根据相关调查，用户对信息需求基本会有以下两个特点。

（1）信息需求的全方位和综合化

用户迫切希望通过图书馆获得内容全面、形式多样、来源广泛、类型完整的知识信息，同时也要求图书馆能针对他们所承担的具体任务，提供全方位、完整性的知识信息保障。

（2）信息的开放性与社会化

对于一个图书馆来说，它很难独自完成为用户提供全方位、综合化的信息服务，因此，它需要由多个信息单位共同完成，来使信息资源共享得以实现。其主要的解决办法有：①借助于互联网；②开展馆际交流；③信息的电子化与网络化。

3. 高校图书馆必须转变特色文献资源收藏

高校以学科建设为龙头，以学科次序交叉和新的生长点为发展主线，通过传统学科与生物、现代信息技术等高新技术领域的有机结合，促进相应学科向智能化、自动化和基础性研究方向发展，学科领域不断拓宽。各高校图书馆在选定重点、特色学科的基础上，根据本校的专业设置，要注重收藏与科研相关的学科专业文献，并逐步形成学科特色。各高校图书馆还要注意加强馆际合作：一是合作采购或租用共同的数据库；二是共同开发和互相通报可利用的网上资源。

为了保证文献资源的特色收藏，高校图书馆要将补充新书与剔除旧书相结合。20世纪80年代，有的传统高校图书馆由于对收藏书刊数量的追求，复本量过大或有很多不适应重点学科特色收藏的文献资料，为了保证高校图书馆特色收藏的有效性与新颖性，使高校图书馆能容纳很多质量高、有价值的重点学科特色文件，有必要定期进行藏书剔旧工作。

首先，剔除过度复制和长期受损的书籍和期刊。

其次，剔除既不适合商业也无保存价值的过时书籍和期刊，从而腾出一线书库架位，容纳新的书刊，使高校图书馆特色收藏的质量被提高。

除此之外，作为一个整体，国内文科院校图书馆人文社会科学文献相对丰富，科学院校图书馆自然科学文献比较齐全。每个人都可以相互补充，具有自己收藏的非正式特征。

4. 加强对图书馆服务工作的科学研究，拓宽开发利用的途径

高校图书馆需要组织一些人力和物力资源进行学术研究，探讨科技发展与教育研究和图书馆服务的关系，探索、开发新的理论和方法，从而将图书馆服务工作中遇到的问题解决。高校图书馆还要定期举办高校图书馆工作区

域学术研讨会，分享新形势下经济、社会和教育活动的成功经验，进一步改善服务工作方式，提高工作效率。

为了最大限度地利用现有馆藏并使图书馆资料的社会效益得到显著提高，高校图书馆就必须重视馆藏的开发和利用，特别是边际跨学科材料的开发。现阶段高校图书馆必须建立一个教学活动的沟通系统和一个强大的信息接收系统，在文献信息资源的开发和配置中，以高效、高质量的书目信息服务和图书管理任务为出发点，更好地满足书目资源研究的基本要求。

首先，要建立"馆、系、室一体化"开发和配置管理系统。

其次，访问多个渠道和全方向的信息，来使库中的信息量增加。

高校应采用现代方式加强图书馆的网络建设和数据库建设，通过网络在更广阔的空间获取信息，如通过校际网络进行校际信息交流，实现学校之间资源的真实共享，从根本上改变了文件信息资源开发和配置的落后状态。另外，高校图书馆应做好科学期刊的建设，优化馆藏资源的配置，正确收集和整理第二、三档文件，提供新的高效搜索功能。具体来说，高校图书馆应做好以下工作。

第一，建立以科学研究为主题和方向的书目数据库，了解参考书目的信息需求，执行各种检索和检索任务，做好根据学科方向构建书目数据库的工作，并积极参与研究小组。

第二，高校图书馆有必要对重要学科进行数据库构建，每所高校都有自己的办学特色，并有自己的核心学科，有必要根据不同的水平建立不同层次的数据库。

第三，高校图书馆是培养学生创新精神和创新人才的重要基地，高校图书馆是大学生获取知识、发展人才的重要场所。他们可以根据不同的特点和需求，建立素质教育推荐书目数据库、质量教育期刊文献数据库等，并在线提供给用户。

（三）服务方式的创新

1. 开展个性特色的数据库信息服务

为了开展高质量的知识服务，高校图书馆需要建立一个具有个性特征的丰富的文献资源数据库，以满足各级用户的各种需求。

（1）建立馆藏书目数据库

馆藏书目数据库是图书馆最基本的数据库结构。它将图书馆的传统手册目录转换为机器可读的目录格式，但处理得更加细致，文献更加深入，具有在线查询和馆际互借的功能。

（2）建立联合目录数据库

联合目录数据库是交互式借阅和资源共享不可或缺的工具。没有共同的"常识"目录，馆际互借、通借通还才有条件付诸实施。除此之外，建立联合目录数据库也将有助于各区域之间的联合采购，这也将有助于建立文件资源保障系统。

（3）建立特色文献数据库

图书馆自建特色数据库有效地开发了馆藏资源，扩大了馆藏利用率。这是一种很好的服务方法。国内一些大学图书馆建立了自己的特色数据库，反映了每个图书馆的特点。这些特色数据库包括北京大学图书馆的"古籍拓片数据库""棉花文献摘要数据库""牛肉养殖专题数据库""'农业108'玉米专题数据库""钱学森特色数据库"，上海交通大学图书馆的"机器人信息数据库"，南京师范大学的"唐宋金元词数据库"，清华大学图书馆的"新技术报道数据库"，中国农业大学的"农书籍古籍图书数据库"等。

（4）建立虚拟馆藏数据库

图书馆馆藏不仅限于实际拥有的资源，也应包括其所能提供的一切信息服务。越来越多的信息开始来自访问，即拥有信息权，例如在线数据库。因此，高校图书馆提供可以通过Web站点访问本地和远程访问数据库的集成服务，不仅极大地扩展了收集范围，而且也有利于用户搜索和使用的有价值的服务。

除此之外，根据图书馆的特点和用户的需求，高校图书馆可以组织专门的团队来选择和处理在线信息资源，通过下载和建立链接，使图书馆系统更加方便用户。传统图书馆是扩大馆藏和建立数字图书馆的基础。

2. 有效地组织互联网信息资源，开辟新的多样化信息服务

面对庞大的互联网信息资源，用户一方面可以自由浏览，另一方面很难找到他们需要的信息。互联网资源的庞大和优劣不分要求图书馆应在其利用中起到导航员和评价者的作用。图书馆应将此作为指导思想，开辟新的多样化信息服务，有效组织互联网信息资源，使用户能够使用并成为图书馆信息服务的新内容。许多图书馆根据主题安排在线免费信息资源和对网站用户有用的重要网站，并建立用户查询和使用的链接，如普林斯顿大学图书馆Web站点的"数字收藏"、清华大学图书馆Web站点的"馆外电子资源"等都提供这种服务。挖掘在线专题信息资源，扩大其有效使用服务，可以更好地满足专业用户的信息需求。

除此之外，巨大的互联网信息系统与用户搜索有趣信息之间的矛盾促使智能跟踪和搜索互联网信息成为发展方向。这类服务通常具有智能和自学习机制,通过分析用户的信息行为,自动帮助用户搜索互联网资源并提供相应的信息。各高校图书馆应充分吸收思路,积极参与相关技术的开发。

3. 加强教育,充分快捷地利用信息资源

(1)加强高校师生的信息素养教育

高校可以定期举办一些相关信息资源合理利用的讲座,通过这些讲座或一些相关活动,来达到提升教师和学生对信息意识以及能力的效果。

(2)为高校的科研成果引路

高校图书馆应侧重于对学校和科研动态的了解,并对重点科研及实验室的科研内容和方向进行深入探究,积极开展专题信息服务,将国内外相关信息进行收集整理,为学校的教学、科研、技术开发提供课题查新、资料编译、情报咨询和定题服务;建立硕士论文、博士论文等数据库,发布科研服务成果总结,为转换结果铺平道路,结合大学资源和学术特点,利用互联网资源创建有关高校的独特信息,并通过互联网为教师和学生提供信息咨询服务。

(3)远程服务将成为高校图书馆今后的发展目标之一

随着高等教育的逐渐普及,全国高校的招生规模急剧增长,作为一个特殊的产业,高等教育需要将一系列新问题进行解决。由于目前的高等教育规模具有一定的局限性,因此,远程教育正在成为引领高等教育的新模式。换而言之,各大高校需要将校际网络的建设脚步加快,尽量在短时间内实现高校内部的远程教学,过校际网络最终实现图书馆信息资源的共享与高效利用。

远程服务是图书馆提供的完整信息服务,依靠全球化的计算机网络来突破空间和时间的限制。高校图书馆将结合学校的专业特点,建立该主题的网站,包括教学和参考书、开展互动服务以及进行远程教育和学术讨论活动等。除此之外,图书馆还可以与教务处进行合作,通过为教师和学生以及其他用户创造、制作和收集各种课程的音频和视频材料,最终实现预期效果。

第五章　高校图书馆的学科服务创新

随着互联网的不断发展，数字化信息资源日渐丰富，图书馆的传统地位受到冲击。在这样的背景下，高校图书馆应跟随时代发展步伐，实现学科服务创新，以提供更专业的图书馆服务。本章主要阐述高校图书馆的学科服务现状、互联网环境对高校图书馆学科服务的影响以及大数据背景下的高校图书馆学科服务创新。

第一节　高校图书馆的学科服务现状

一、学科服务的概念

从词义学的角度分析，学科服务可以理解为是围绕学科而进行的各种服务。对于高校图书馆来说，学科服务就是图书馆员们围绕高校学科建设需要而提供的全方位的文献知识信息资源服务和信息技术服务。实际上，学科服务是图书馆界的一种全新的服务理念和服务模式，是图书馆为适应新的服务需要，深化服务变革、提高服务水平而采取的一项新举措，它是海量信息时代产生的一种高层次的信息服务形式。学科服务作为图书馆的服务实践活动和作为一个比较规范的、正式的学术术语源于"学科馆员制度"及后来的"学科信息导航""学科信息门户""跟踪服务""导读服务"等。

早期的学科服务主要是指利用学科馆员开展的服务。随着学科馆员制度在国内的广泛应用，2003年张晓林教授撰文把学科馆员的服务上升为"学科化知识服务"。2006年，李春旺在《学科化服务模式研究》一文中将"学科化知识服务"演变为"学科化服务"，到2007年才风行为"学科服务"。

新时期图书馆的学科服务是全方位面向用户，围绕用户需求，整合一切可能与学科知识服务相关的资源和服务，建立图书馆及其相关部门的全新运行机制。新时期图书馆的学科服务是人和物的服务总和，它需要尽可能地调动人力、物力和财力，建立起学科服务平台，并嵌入用户的物理空间和虚拟空间中，为用户提供全方位的知识信息资源保障。学科服务通过建立学科服务人员与教学、科研人员之间的联系，将图书馆的知识信息融入学科教学和科学研究过程之中，从而扩大图书馆在科研活动中的影响力和提升图书馆的服务质量和水平。

二、学科服务的性质与特征

服务是贯穿于图书馆工作全过程中的一种实践活动，是图书馆永恒的主题，是图书馆生存与发展的重要基础之一，是图书馆的终极目标和根本目的。图书馆的服务随着社会的进步在不断地发展，其内涵、外延都在不断扩展、延伸。随着我国学科服务的不断发展，学科服务已超越了图书馆的物理空间界限和传统逻辑起点，学科服务的服务定位、服务特点、服务地点、服务内容、服务手段、服务逻辑起点、服务深度、服务责任等都有了纵深发展。学科服务是高校图书馆服务的延伸和拓展，是以学科馆员为纽带，围绕不同学科用户的个性化需求而展开的一种主动延伸式服务。它既具有高校图书馆用户服务工作所共有的属性，与图书馆传统服务既有密切的联系，同时也有较大差别和自身的特殊性。因此，要想充分认识学科服务的性质与特征，首先必须先分析和了解学科服务与传统服务的区别。

（一）学科服务与传统服务的区别

学科服务是图书馆传统服务的延伸与发展，二者的主要差异在于以下方面。

1. 服务的逻辑起点不同

高校图书馆的传统服务是基于图书馆的服务，它以图书馆和馆藏文献信息资源为中心，为用户提供原始文献信息资料；而学科服务则是基于用户（或用户的服务需求）的服务，它是以用户为中心，满足用户信息需求的服务。

2. 服务的空间范围不同

高校图书馆的传统服务往往是工作人员们等待用户到馆或被动地接受用户的提问咨询；而学科服务则更多的是学科工作人员走出图书馆，主动融入用户的信息环境之中，了解和掌握用户的需求及信息行为，并为用户解决问题。

3. 服务的内容和深度不同

传统服务主要通过与用户的联络、咨询、培训为用户提供文献资源和信息服务，属于简单的基础性服务；而学科服务除简单的基础性服务外，还优化用户信息环境，参与用户过程，提升用户信息能力，其服务超越了文献服务和信息服务，更加强调知识服务，是深层次的服务。

4. 服务的特点不同

图书馆传统服务是没有差别的普遍服务；而学科服务是有差别的服务，它是针对不同用户的不同信息需求的个性化、知识化、专业化服务。

（二）学科服务的性质

学科服务以学科用户以及学科用户的信息需求为中心，是一种学科工作人员通过融入学科用户的信息环境为学科用户提供服务的全新服务方式。作为一种新型的服务，它正处于不断发展变化过程中，人们对它的认识也正在不断深入和深化。

1. 先进的办馆理念

学科服务是图书馆一种先进的办馆理念。随着信息技术和网络技术的迅猛发展，信息化、数字化和网络化给图书馆的生存与发展带来了前所未有的机遇和挑战。图书馆不再是文献信息资源唯一的获取重地，人们对图书馆的依赖程度急剧下降。图书馆管理者不得不重新思考和审视图书馆的生存与发展。学科服务这一以用户为中心的主动的、个性化、专业化的服务为图书馆的生存与发展带来了生机与希望，它将促进和提升图书馆的核心竞争力。

学科服务充分体现了以用户为中心的服务理念。学科服务工作人员除了传统基础性服务工作外，要走出图书馆，融入学科用户的教学一线，嵌入科学研究过程，不仅要为学科用户提供学科教学、科研所需的文献信息，更重要的是要求学科馆员必须熟悉和了解所负责的学科或院系的学科建设情况和本学科资源情况，为学科用户提供专业化、知识化的服务。学科服务以优化用户信息环境，提升用户信息能力为目的，为学科用户教学科研提供信息保障和支撑。

2. 新的服务机制

学科服务是图书馆服务工作的一种新的服务机制。学科馆员直接融入学科用户的信息环境和信息过程的一线，为对口负责的学科或院系、重点实验室、课题组和学科用户个人提供个性化、知识化和专业化的服务。各高校图书馆根据学科建设实际，设置专门对口的学科馆员，明确学科馆员的工作职责和目标任务以及具体的考核指标和办法，对学科服务有明确的服务要求。

(三)学科服务的特征

随着高校图书馆服务的不断深入,学科服务将在高校图书馆服务中发挥越来越重要的作用,具有传统服务无法比拟的优势和特征。

1. 扩展性

学科服务扩展性主要表现在服务空间范围、服务内容和服务模式三个方面。

(1)服务范围

学科服务范围不仅包含物理空间概念的地域范围,同时还包括服务内容范围。从物理空间概念的地域范围而言,传统的图书馆服务主要是在图书馆物理空间内提供的服务,仍然以图书馆为中心。高校图书馆的学科服务地点主要不是图书馆,而是走出图书馆,走进用户环境和用户的日常学习、工作和生活中。学科馆员应走出图书馆加入学科创新团队中,参加学科建设中的教学和科研,深入学科用户的需求环境中。

(2)服务内容

高校图书馆学科服务不仅要继续履行高校图书馆传统的服务内容,还要履行参考咨询馆员的服务内容。

(3)服务模式

学科服务除了沿用的参考咨询服务的相关服务模式外,更加注重深入学科用户的环境中,尤其是嵌入学科建设全过程,进行相关文献资源保障服务和个性化的信息服务,它是参考咨询服务的延伸和拓展。

2. 主动性

学科服务是图书馆传统服务的延伸,它将成为图书馆工作的核心,是服务理念的提升。在学科服务中,学科馆员主动与用户建立联系,为用户提供畅通的信息供应渠道,自觉提高图书馆的服务能力。因此,它是以学科用户为中心,满足学科用户需要的一种主动性服务。尤其是随着网络技术的不断发展以及高校图书馆资源和服务的日益丰富,学科用户要想在众多的资源和服务中获得最优的、急需的大量资源与服务,就需要学科馆员围绕相关学科、专业,主动地为用户服务。

学科服务的主动性主要体现在两个方面:一是学科馆员主动为用户提供资源保障及技术服务,使图书馆成为学科用户获取最新信息和知识资源的来源;二是主动深入用户环境中,为学科用户的科研服务,使图书馆成为国内外新学科、新领域、新课题、新技术成果的跟踪者和信息资源提供者,为学科用户提供最新、最及时、最准确的服务。

3. 动态性

学科服务是一种渗透的交互式服务，围绕学科建设和学科用户需求，将服务渗透于学科建设和用户解决问题的整个过程中，关注学科资源建设，参与学科教学活动，融入学科用户中，嵌入科学研究，与学科用户互动，让学科用户主动参与到学科资源建设中。尤其是随着网络技术的发展，用户的信息需求发生了巨大变化，用户开始参与并创造信息。因此，图书馆也呈现出明显的互动特点，而学科馆员一般具有较强的信息技术能力，他们能充分利用这个特点，引导用户参与和表达，增强用户与学科馆员的互动性。

4. 专业性

学科服务是为学科用户服务的一种新的服务理念，其服务目的、服务内容和形式、服务模式等，都具有极强的专业性。

（1）服务目的

学科服务主要是针对学科用户的个性化需求而进行的学科信息、知识资源和技术上的服务。

（2）用户需求

学科用户需要的不是泛化的知识、信息资源和技术，而是专业性的信息资源。

（3）服务内容

学科服务主要是围绕学科用户的教学、科研全过程而进行的，不仅是联络、咨询和培训，还优化用户信息环境，参与用户过程，提升用户能力。许多服务内容涉及学科的专业问题。

（4）服务形式

学科服务具有自身的专业化的服务形式，既充分利用电话，特别是网络平台，还走到用户身边，提供随时随地的服务。

（5）服务人员

从实施服务的主体学科馆员的自身要求上看，它要求提供服务者具备高度专业化的知识和技能，这些知识和技能往往是用户所不具备的，这就需要提供学科知识服务的学科馆员具有极强的专业知识背景和专业知识服务技能。

5. 便捷性

随着信息技术的飞速发展，信息资源实现共享，各高校通过整合图书馆服务，逐渐建立起一种新的学科服务模式。高校图书馆能利用信息共享空间，为学科用户提供大量方便快捷的有效信息。

6. 研究性

与传统服务相比，学科服务是一个全新服务模式和一种全新的服务机制，是现代图书馆服务的发展和创新。一方面，学科服务本身是图书馆界在不断地探索和研究中的新生事物，无论是从本身概念的认识理解和基础理论上，还是具体实践上，都在进行不断地探索、发现，具有研究性；另一方面，高校图书馆学科服务的对象主要是学校重点学科和特色学科的专家、学者和相应学科中具有较强研究能力和学术基础的学生，针对他们的信息服务无论是服务内容、服务层次和服务方式都具有显著的研究性。同时，学科用户及专家、学者的需求行为、需求内容也正处于探索和研究中。学科馆员也需要去不断地分析和研究所提供给学科用户的信息资源和技术，以提供让用户更满意的服务。

7. 学术性

学科服务的学术性由图书馆的学术性决定。图书馆的学术性表现在：图书馆是科学研究大系统中的一分子，主要从事科学研究的前期劳动；图书馆工作本身是一种学术活动。学科服务是高校图书馆工作的一部分，其性质从属于图书馆。高校图书馆学科馆员围绕高校学科建设而为学科用户提供深层次的、研究性的服务，其服务工作的成果直接渗透、融合、凝聚在他人的精神产品中，往往自身不具备独立的存在形式，导致学科服务的创造性很难为人理解和认知。但究其学科服务工作本身，它是学科馆员的一种特殊的精神生产劳动，不是简单直接地提供原始的文献信息文本的服务，而是通过对文献知识和信息的进一步研究后，再为学科用户提供的知识性信息服务。学科服务具有间接性、依附性和隐蔽性，学科馆员在工作流程中的劳动具有再创造性。

8. 知识性

学科服务的知识性表现在两个方面。一方面，从业务上说学科服务属于一种知识密集型劳动，学科服务工作是学科馆员与学科用户之间进行的学科知识信息的传递、交流与反馈的智力劳动过程。学科服务涉及相关学科研究性、探索性的工作，这些工作是智能化的科学劳动，它要求学科馆员具有相关学科背景知识和较强的综合能力。另一方面，学科服务是围绕高校学科建设而开展的一种深度的知识服务，其工作重点是为学科用户提供可运用的知识信息，强调的是文献信息资源的开发与利用，为用户提供的不再只是知识的线索及相关文献，更主要的是从这些复杂的信息资源中获取到解决问题的知识资源，将这些知识资源融化和重组到学科用户的问题解决方案中，并将之转化到服务机制中，为学科用户实现学科知识的发现、创新和获取提供信息服务。学科服务是一种主动的知识推送。

9. 增值性

学科馆员根据学科用户需求，为学科用户提供信息服务，其很大一部分是依赖于学科馆员结合自身的学科背景，在现有馆藏资源和利用现代网络技术组织的资源的基础上，通过对学科显性知识的学习、隐性知识的积累，并通过学科馆员不断内化和创新而转化为更大的生产力、竞争力与新价值的知识。根据日本学者野中郁次郎和竹内广孝的知识转换理论，学科馆员为学科用户进行知识服务的过程就是隐性知识显性化的过程。在学科服务中，学科馆员根据用户需求，将自身知识外化成显性知识，成为相关人员的共同知识。学科馆员的增值性主要反映在服务中是帮助用户解决问题或者为用户的问题提供解答所具有的特殊价值，这也表明了学科馆员的服务是增值的，且学科馆员知识增值服务的价值逐渐增高。

三、高校图书馆学科服务的发展

（一）学科服务的产生

学科服务的发展起源于 20 世纪 50 年代信息技术发达的美国。图书馆学科服务是高校图书馆服务的延伸和拓展，它是现代信息技术、网络技术和数字化技术环境下的产物，是高等教育改革和高校学科建设发展的客观需要，是用户信息环境和需求行为变化的产物。学科馆员制度的完善和发展有力地促进和推动了学科服务的发展。

1. 知识经济时代的产物

知识经济时代的到来，使知识成为社会发展的重要动力。创造价值的劳动不再是体力劳动，而是脑力劳动，知识成为最主要的价值来源，谁拥有知识，谁就拥有了财富。知识经济时代对整个社会的生产活动产生了巨大影响，对生产和创造知识的劳动者提出了更高的素质要求。图书馆服务工作是社会生产活动之 ，不可避免地受到知识经济浪潮的冲击和影响。尤其是图书馆的传统服务已经无法满足时代需求，图书馆不得不进行服务模式的变革和服务内容的调整更新。为此，图书馆必须围绕知识来设计服务模式和调整服务内容。开展学科服务是图书馆适应新的服务需求，深化服务变革，提高服务水平的一项新举措。建立学科馆员制度和开展学科服务成为高校图书馆知识服务的一个重要标志。

2. 信息技术的产物

随着计算机技术的广泛应用，网络技术和信息技术得到了迅速发展，信息进入了人类社会生产生活的各个领域，信息作为资源的地位和作用越来越重要。在信息时代里，谁能掌握和利用更多的信息，谁就能在国际竞争中赢得主动。世界各发达国家把占有、开发和利用信息作为一项基本国策。

图书馆作为文献信息中心和信息交流机构，在信息大潮中不可避免地会受到极大冲击和影响。在信息技术化的环境下，用户获取信息要求快捷、方便，希望能随时随地获取所需要的信息，并将搜索引擎作为获取信息的首选方式，对图书馆逐渐疏远。数字化的资源打破了图书馆信息资源的垄断地位，使图书馆信息服务的优势不再独有，其信息社会和网络化时代的竞争力将失去。高校图书馆为顺应信息环境的变化，开始寻求新的增长点，图书馆服务开始从服务形式、服务内容、服务运行机制等方面进行改革。于是，一种新服务理念和服务模式——学科服务产生了。

3. 需求变化的产物

随着社会发展和科技的不断进步，高校图书馆用户的信息环境发生了巨大变化，用户可以不受时间和空间的限制，快捷方便地通过互联网获取所需信息，到图书馆获取信息不再是唯一途径。尤其是作为高校学科建设的主体核心的学科梯队成员，他们对学科知识信息的要求变得更加精、深、专。然而网络信息良莠不齐，使信息质量受到影响，信息筛选和利用的难度增大，真正急需的学科知识信息常常被遗失或淹没在信息的大海中。

新的信息环境和信息技术促使高校图书馆的用户信息需求发生变化。一方面，用户长期以来已经习惯了方便、快捷、不分时空地获取信息，他们同样希望信息服务也能直接"到桌面、进现场"；另一方面，随着高校学科建设的发展和高校科学研究要求的不断提高，用户对基于文献（图书期刊或论文）的服务越来越不满，而对知识或提供知识解决方案的服务的期望和需求越来越强烈，希望图书馆能提供有针对性、专业化的服务，希望图书馆员们发挥其自身的业务和专业技能帮助他们将所需知识挖掘出来，并帮助他们识别和创造新的知识。

（二）学科服务的发展

学科服务是学科馆员制度的发展和改进，是学科馆员制度下服务模式和服务理念的进一步延伸和发展，其发展历程与学科馆员制度基本一致。学科服务首先在信息技术高度发达的美国产生，在不断的实践中得到了进一步发展和完善，并在 20 世纪 90 年代被引入我国。总之，对于高校图书馆来说，学科服务工作是一个新事物，它的开展是随着认识的深入而不断发展的。

学科服务起源于 20 世纪 50 年代的美国。1950 年，内不拉斯加大学图书馆开设配备学科馆员，这是高校图书馆学科馆员制度建立的标志，也是学科服务的开端。1981 年，美国大学图书馆推出了"导读服务"。随后这种模式在其他国家的高校图书馆也受到推行，使世界上有体系的学科化服务得以形成。

我国图书馆服务具有明显学科服务性质的工作开展已有十几年，真正的学科服务始于 1998 年清华大学学科馆员制度的建立。在《新世纪十年我国学科馆员与学科服务》一文中，南开大学信息资源管理系主任柯平和天津财经大学图书馆馆长唐承秀将我国学科服务发展归纳总结为起步阶段、推广阶段和发展阶段三个阶段。

1998—2002 年为第一阶段（即起步阶段）。这一阶段，我国借鉴了国外学科服务的优秀经验，并引入了学科馆员制度。清华大学于 1998 年率先引入国外学科馆员制度，并安排学科馆员对口负责相应的院系。此后，北京大学、南开大学、东南大学、武汉大学、西安交通大学等都根据本校图书馆实际建立了学科馆员制度。国内高校图书馆具有学科服务性质的工作就此展开。

2003—2006 年为第二阶段（即推广阶段）。这一阶段的学科服务在实践上主要是由少数高校试点到推广实施。例如，上海交通大学推出了"学科咨询馆员——图情咨询教授"服务模式，正式设立学科馆员岗位；沈阳师范大学图书馆建立学科馆员制度，并不断探索学科服务网络平台建设；中科院国家科学图书馆也推出他们的学科服务理念和学科服务模式。

2006 年至今为第三阶段（即发展阶段）。这一阶段，设立学科馆员制度的高校迅速增加，很多普通综合性高校都相继开始了学科馆员的服务，业界对学科服务的研究也发展迅速。除了相关的研究文献增加外，各高校图书馆相继召开了关于学科服务的专题研讨会，极大地促进了我国学科服务的快速发展。各具特色的学科服务模式、学科服务系统层出不穷，使国内学科服务无论是在服务模式上，还是在服务水平和质量上都取得了显著成效。

第二节　互联网环境对高校图书馆学科服务的影响

一、资源存储及处理能力的挑战

随着信息技术的快速发展和图书馆服务模式的变化，图书馆的大数据信息总量迅猛增长，数据存储的任务和类型也发生了巨大变化。数据存储的任务不仅包含传统图书馆服务系统的运行与管理数据、读者服务数据、监控数据等的存储，还增加了以读者阅读行为与内容、读者特征等数据为中心的，包含数据噪声过滤、数据价值发现与提取等在内的大数据存储活动。数据存储的类型不仅涵盖传统的静态存储，还包括对数据的删减、增加和修改等操作，这对图书馆的数据资源存储能力、高度容错性、异构环境适应性、开放共享性等提出了挑战，图书馆自身数据的存储能力与大数据对存储高要求之间的矛盾决定了图书馆服务在大数据时代能拥有多高质量、多少数量的可用和合理数据。

大数据时代，以互联网信息检索为基础的知识信息服务开始成为高校图书馆的主流，图书馆的学科服务不再仅仅是对学科资源信息的整理和检索，而是要利用大量的非结构化数据、半结构化数据，根据用户的需求，去分析目前的发展态势，预测未来的发展方向，等等。这就需要图书馆不仅要对其结构化数据、半结构化数据和非结构化数据的恢复、备份、复制与安全进行高效管理，还需要能够进行跨领域的处理而不丢失任何有效信息。同时，诸多高校图书馆存在资源元数据整理混乱、检索准确度不高、多种出版模式的文献分类及相互间关联度不高、资源扩展力不足等问题。如何快速提高其对资源信息的处理能力，决定了高校图书馆能否迅速适应新时代的发展需求。

二、用户需求的转变及其多样化

图灵奖获得者詹姆斯·格雷（James Gray）认为，大数据带来了科学研究的第四范式，即"数据密集型科研"，数据挖掘将取代传统意义下的科学方法。数据密集型科研服务主要包含大数据、计算处理、用户服务三个部分。其中，大数据部分主要包括文献数据（如期刊、会议论文、图书、学位论文、专利，以及特色资源等）、读者用户数据（如阅读数据、文献需求数据等）和其他数据（如政府信息数据、科技创新数据等）；计算处理部分即通过构建模型进行数据的采集、解析、清理与保存，并进行数据标引、分类等行为实现用户需求；用户服务部分则涵盖数据出版、数据管理与研究等基础性数据服务和诸如学科发展态势研究、热点追踪与检测、未来发展方向预测等探索性数据服务。

美国研究图书馆协会提出关于2016年学术图书馆的九大发展趋势，其中与数据服务有关的趋势，主要是"研究数据服务""数字化学术"等。研究数据服务已经不仅仅满足于图书馆提供文献资料的借阅，还包括对罕见学术资源的整理收集、知识产出的学术影响力评价、科研奖励申报的创新性证明，甚至还有高校人事部门、科研管理部门等机构对某学科领域的人才评价与筛选，等等。若要提高高校图书馆的数字化学术环境的供给环境，应加强与学校其他院系机构进行合作，延伸图书馆的服务空间，比如 GS 数据、虚拟化、跨学科数据、数字化资产管理、数字化存储、数字化培训、数字化咨询和数字化学术工具等。

三、馆员素质与能力需不断提升

从事学科服务，学科馆员需要具备多方面的能力。其中，核心素质与能力包括所负责学科及相关学科领域的专业知识、与用户的良好沟通、有效推广学科服务、文献资源的发现与检索、分析整理用户需求信息五大方面，学科专业知识需要学科馆员在长期的学习与交流过程中进行积累，大多数学科馆员的其他四个核心能力都比较好，但在长期保存方法咨询、版权与知识产权保护咨询、元数据使用等能力上有待于进行快速学习与提升。同时，学科馆员大部分是图情专业的毕业生，对非本学科的专业知识还存在一定的差距，其学科分析与评价能力也有待于快速补充。

工具支撑是大数据的基础，各类软件工具在数据的采集、存储/管理、共享及数据分析等各个环节都起着举足轻重的作用，这就要求学科馆员在工作过程中能够适应科研环境变化和用户需求多样化。目前比较常见的是聚类分析、数据挖掘、网络分析、可视化分析、数据融合与集成等方法，但这些方法并没有真正挖掘出大量信息数据的存在与表现形态，无法解读半结构化数据和非结构化数据来准确预测未来发展方向，这也使得学科馆员需要进行长期的学习。

四、学科馆员团队管理需持续优化

为应对大数据的挑战，欧洲的很多高校早就将科研数据服务作为极其重要的组成部分，并着力通过培训原有馆员而不是雇佣新馆员来从事数据服务工作。学科馆员是图书馆提供学科科研服务的精髓，对其组织与管理也是图书馆工作的重中之重，应将其放在显著的位置。

优质高效的学科服务，必须有一支协同作战的学科馆员团队。学科馆员团队由学科主管、学科馆员和学科专家组成。学科主管必须学术水平高、开拓创新能力强、组织协调能力强，能够准确把握学科服务方向与研究重点，组织与规划学科馆员队伍建设与交流。学科馆员主要协助学科主管完成团队工作，并且直接为用户服务。学科专家则由在职教授组成，对学科服务方向与内容进行咨询指导。在学科专家的指导下，学科馆员团队能够为重点研究用户的重大课题提供咨询服务。

此外，应适时评估学科馆员服务质量，这有助于检验学科馆员团队的运转效率，及时修正服务过程、提高服务质量。学科馆员团队的绩效评估机制必须以学科用户为主导、侧重效果，通过反馈平台、调查问卷、电话回访和面谈等形式收集学科用户的评价，同时辅之以学科馆员自评和内部评定。建立的绩效评估机制应以激励为主，为学科馆员提供宽松自由的创新空间，鼓励学科馆员深入用户的科研环境一线。

第三节　大数据背景下的高校图书馆学科服务创新

一、学科化服务团队

学科建设对高校图书馆的服务模式、服务内容、资源建设、组织结构、人员素质等方面都提出了要求。组建学科化服务团队，以学科化服务团队模式开展学科服务是一种新模式。学科化服务团队建设能提供高素质的学科馆员，为学科用户提供全方位的服务，推动学科建设。

（一）学科化服务团队建设

随着学科服务的深入发展，承担学科服务工作的学科馆员逐渐由单个性质服务转变为团队性质的服务。学科化服务团队由图书馆专业人员构成，依托图书馆信息资源，利用自身知识，为学科用户提供多层次的学科服务。

1. 明确馆员角色

随着学科用户信息环境和需求的变化，早期学科馆员的角色定位已经不能满足用户需求，因此高校图书馆应明确学科馆员角色，对学科馆员的角色进行重新定位。信息技术越来越多地应用于图书馆，学科馆员应在数字化环境下，将个人智慧转化为学科服务团队的共同智慧，满足大数据背景下学科用户对高校图书馆服务的新要求。图书馆应规范学科馆员的聘任条件并严格执行，具体如下。

①聘期：随图书馆岗位聘任周期调整，其中来自分馆的学科服务馆员，由总馆颁发聘书。

②学历或职称要求：硕士学历或以上/副高职称或以上。

③专业要求：鼓励非图书馆学专业人士参与，便于了解相关专业的教学和科研情况。

④基本技能要求：熟悉本馆各种资源，熟练掌握其检索和使用的办法，

特别是电子资源；熟悉本馆各项服务措施，特别是一些基于网络环境开展的新型服务；掌握 Windows 系统的基本操作，熟练使用 Office 系列文字、表格处理软件；熟练使用电子邮件和其他相关社交媒体系统，能够流畅地与院系教师交流；有培训经验，能独立承担信息素养讲座；有一定的外语读写能力；善于与院系老师交往，有良好的交往能力；具备快速学习能力，勇于开拓创新。

⑤职业道德素质要求：工作积极主动，认真负责；追求高效率、高质量的工作目标；热爱学科服务工作，有敬业精神。

图书馆在相关的院系所中心聘请至少一名关心图书馆工作、能投入一定时间的教师或科研人员作为学科咨询专家，为其颁发聘书并给予使用图书馆资源和服务方面的便利，如在经费许可的前提下，优先保障学科咨询专家的文献资源购买需求；放宽文献借阅范围和权限；减免查收查引等有偿服务项目的收费；等等。

2. 明确团队结构

学科服务团队由总馆研究支持中心牵头组建，研究支持中心、学习支持中心、特藏资源中心、古籍图书馆及各分馆指派具备学馆聘任条件和参与意愿的馆员参加，其他中心馆员自愿参加。学科服务团队组长由研究支持中心主任兼任，副组长由分馆办公室主任兼任，共同负责图书馆的学科服务实施与工作任务协调。

高校图书馆应面向具体的院系所中心成立学科服务小组，每个小组至少有 1 位首席学科服务馆员，视院系规模等另外配备 0～2 名专兼职学科服务馆员，协同开展学科服务。每位学科服务馆员可以参加 2～3 个学科服务小组，并根据其在小组中的角色分别面向不同的院系所中心开展学科服务。结合院系所中心的情况分层次开展基础学科服务及深度咨询服务：基础学科服务面向所有院系所中心，全体学科服务馆员共同开展；深度咨询服务面向重点学科或服务基础较好的院系、以专职学科服务馆员为主逐步推进。

一般来讲，图书馆的学科服务团队有两种组织模式：固定组织型团队和目标导向型团队。固定组织型团队有固定的成员、组织结构、共同的服务目标和服务对象，固定而统一，在图书馆的实践工作中非常常见。学科服务团队由小组长和馆员组成，依据团队成员的学科专业背景，针对特定院系提供相应服务。目标导向型团队的组织相对灵活，根据具体任务和情况临时组队，既能够满足用户需求，又能够根据任务需求构建合适的团队。

3. 确定协作目标

团队注重整体优势，强调团队合力，团队的核心在于协同合作。要真正实现团队协同合作，应确定团队协作目标，这是团队协作的前提。学科服务要求学科馆员深入用户的教学或科研活动中，最大限度地满足学科用户的信息需求。基于这一共同目标，学科服务的相关因素集中到一个环境中形成整体合力，从而形成学科团队，实现团队协同合作。

4. 提高团队水平

高校图书馆应建立一支具备专业知识和教科研能力，服务质量高，注重创新的学科化服务团队。高校图书馆应在馆内各部门选配一些学科专业知识背景强、有强烈责任感的人员做学科馆员，根据学科馆员和工作流程组建学科化服务团队，下设学科知识服务小组、资源建设服务小组、技术支持服务小组、学科用户培训小组等分支。学科化服务团队的成员应有共同的协作目标、强烈的责任感，成员之间要相互信任，知识与技能互补。

5. 完善工作机制

学科馆员所从事的是一项具有主动性、服务性和开拓性的工作，其服务质量的高低很大程度上取决于学科馆员的工作热情。因此，学科服务团队应完善学科馆员的工作机制，通过建立激励机制来调动学科馆员的服务积极性，不仅要建立学科化服务团队的激励机制，更重要的是建立学科馆员个人的激励机制，利用多种手段激发学科馆员的工作积极性，除做好学科馆员的职业素养教育外，还要充分利用评先评优、物质奖励等手段。

6. 开展馆际合作

随着学科服务的广泛发展，馆际合作的需求日益迫切。馆际合作能实现更大范围内的资源共享和优势互补，进而增强本校图书馆学科服务团队的服务能力。在信息资源共享的环境下，许多高校图书馆的学科服务在服务目标、服务内容、服务模式、服务对象等方面存在诸多共性。已开展的文献传递、馆际互借、协作式数字参考咨询等也为学科化服务团队开展馆际合作奠定了一定的基础。

学科化服务团队开展馆际合作不仅具有必要性，还具有可行性。高校图书馆的学科化服务团队可在学科信息资源、学科服务平台、学科馆员队伍、高新技术研发等方面开展合作。高校图书馆要根据自身实际情况选择馆际合作的对象，确定合作内容及合作方式。随着合作经验的不断积累，高校图书馆可逐步扩大合作范围，深化学科服务的合作内容。

(二)学科化服务团队的服务模式

学科化服务团队的服务模式，主要分为以下三个方面。

1. 面向所级的学科服务模式

面向所级的学科服务模式以科研院所为服务对象，该类用户较为关心与其专业领域相关的科技发展动态，因此学科化服务团队应在服务过程中梳理他们的业务体系，建立适合该领域的资源体系，并且根据科研院所的需要提供服务。

2. 面向课题组的学科服务模式

面向课题组的学科服务模式以课题组或科研室为服务对象，该类用户具有较高的专业水平，并对某一方向有较为深入的研究，对深层次的信息资源需求迫切。因此，学科化服务团队可提供专题文献查找和筛选服务，提供各种形式的情报服务，提供基于文献分析工具的分析服务。这些服务能引导学科化服务团队融入科研室或课题组中，从而提供更为专业化的服务。

3. 面向重大项目的学科服务模式

面向重大项目的学科服务模式不仅具有科研院所学科服务的广泛性，还具有科研室或课题组学科服务的专业性。学科化服务团队在开展这类服务时应制定科学、系统的学科服务方案，关注项目研究方向，关心国内外关于该项目的研究进展，及时提供调研报告，对信息资源进行整理并建立项目资源平台。此外，学科馆员还应加强与情报研究人员的联系，借鉴情报研究人员的工作经验，提高自身的情报把握水平，提供更为针对性的服务。

二、学科专题数据库服务

学科专题数据库是指充分反映本单位在同行中具有文献和数据资源特色的信息总汇，是具有本馆特色的、可共享的信息资源库。高校图书馆建设学科专题数据库，能更好地为图书馆用户提供服务。

(一)学科专题数据库的资源

学科专题数据库的资源是学科专题数据库的核心，资源的数量和质量直接影响数据库服务的效果。学科专题数据库根据高校图书馆的资源以及本校的学科建设，对图书馆内的信息进行组织，从而形成具有学科特色的数据库。学科专题数据库可以是某一学科、某一领域或某一专题的资源。

（二）学科专题数据库服务策略

1. 以用户为中心

高校图书馆在建设学科专题数据库的过程中，要以用户为中心，充分考虑用户需求，通过提高信息资源检索效率，为用户提供快捷方便的服务。高校图书馆使用学科专题数据库的过程中要听取用户的建议，及时处理用户在使用过程中遇到的问题。高校图书馆在管理学科专题数据库的过程中，要及时更新数据库的资源，及时发现存在的问题并予以解决。

2. 实现资源广泛

学科专题数据库的建设要显现高校图书馆的特色，突出资源的核心地位，因此在组织学科专题数据库资源时，高校图书馆要根据其馆藏资源和学科建设进行针对性选择，建立基于学科专题的资源体系。学科专题数据库在资源选择上要具有广泛性，不仅要广泛搜集学科专业知识及其相关学科知识，还要搜集各种类型的资源，如文字、图片、音频、视频等作为补充。

3. 实现资源共享

信息时代下，数字化资源极易实现资源共享，但高校图书馆中学科专题数据库的资源共享开展得还不太尽如人意，大多数的高校图书馆之间缺乏沟通和联系，各分馆之间的信息资源也不能平等地相互获取，这些都阻碍了资源共享，也阻碍了学科专题数据库服务的发展。学科专题数据库在建设过程中应提高资源共享。图书馆各分馆之间是一种平等的关系，各分馆之间应实现资源共享，避免重复建设，从而满足学校多方位的信息资源需求。中国高等教育文献保障系统（CALIS）应在学科专题数据库建设中发挥导向作用，引导更多的图书馆参与到学科专题数据库建设中，实现更广泛的资源共享，从而提高学科专题数据库服务的质量。

4. 提高用户素质

学科专题数据库服务中的用户素质是指用户对数据库系统的掌握程度，对现代信息与技术的利用能力以及对服务质量的表达能力等。用户素质的质量直接影响学科专题数据库资源的利用效率。提高用户素质才能提高学科专题数据库服务的质量，才能为用户提供更高质量的服务。高校应召开学科专题数据库服务的讲座，宣传学科专题数据库服务的模式，教会用户如何运用这些资源，并听取用户的需求和建议，从而推进学科专题数据库的建设，提高学科专题数据库服务的质量。

5. 提高馆员素质

随着互联网的发展,用户的信息环境和信息需求发生变化,用户对信息资源需求的广度和深度不断增加,对图书馆馆员的素质提出了更高的要求。学科专题数据库建设的管理者不仅要具有极强的专业知识、较高的外语水平、较强的计算机运用技能、娴熟的信息检索技能等,还要能根据本校学科专题数据库建设整合资源,掌握学科发展动向,为用户提供精准、快速地服务。

三、慕课形式的学科服务

慕课(MOOC)在线课程的快速发展已成为高等教育的大趋势,但部分高等院校的专业MOOC课程内容不够,系统及精品课程数量短缺。高校图书馆将MOOC与学科服务相结合,不仅弥补了目前MOOC的缺陷,还开辟了高校图书馆学科服务的崭新领域。MOOC与学科服务相渗透,既丰富了MOOC教育,又增加了学科服务的内容,促进了两者彼此的发展。学科馆员通过建立基于MOOC的学科服务,凸显了MOOC时代高校图书馆学科服务的生命力。

(一)MOOC与学科服务的渗透

1. 资源提供

学科馆员应运用自身知识与技能,融入MOOC课程,通过寻找与本校MOOC课程相关的信息资源,与授课教师合作完成课程学习指南、制定学习目标、选定课程内容、设定课程难度等内容。搜集到的文献资料可作为课程背景资料。

2. 学科融合

学科馆员能利用自身的学科服务经验加强学科馆员与学科教师的合作,可在现有的课程体系中嵌入MOOC课程,不仅有利于提升MOOC的课程质量,还有助于实现MOOC课程与专业课程的融合,形成更为完善的课程体系。

3. 环境渗透

虽然MOOC课程受时间和空间的限制较小,但这也会使MOOC课程缺少良好的课堂氛围,不能保证学生的学习质量。图书馆能为学生提供良好的MOOC学习环境,使学生能专注学习。随着高校图书馆数字化资源的深入发展,高校图书馆系统可将MOOC课程资源放入图书馆的系统中。在校园网覆盖区域内,学生可通过个人账号及密码登录进行课程学习。

4. 方法渗透

网络信息庞杂，能否快速筛选出有效信息是保证MOOC学习效果的关键。课程用户应避免无用信息及不良信息造成的影响，准确获取学科发展的前沿动态，并从中筛选出有效信息。学科馆员应深入院系，为学习MOOC课程的师生提供专业指导，提高师生的信息筛选与整合能力，从而更好地利用资源。学科馆员应通过MOOC知识讲座、MOOC知识竞赛等活动向师生推荐专业MOOC课程，使MOOC成为学科服务的有力手段。

（二）融合MOOC的图书馆学科服务

1. 融入MOOC授课团队

MOOC授课教师是高校图书馆提高学科服务质量的重要支持。学科馆员应主动融入MOOC授课教师团队中，并为授课教师的课程教学提供支持。

（1）资源支持

专业课程内容广泛，且专业知识发展迅速，教师在讲授时需要借助大量的资料。MOOC课程能对大量专业课程知识进行科学重组，以便于学生更好地掌握知识点。学科馆员可为MOOC授课教师筛选更丰富的专业信息资源，从而提高MOOC课程教学的效果。

（2）技术支持

MOOC课程借助现代信息技术，对大量专业资源进行充分利用。授课教师在授课时往往要对资料进行二次整合，并进行课件制作。部分教师由于技术水平有限，在课件制作和课程录制上会遇到各种问题。这就要求学科馆员利用自身熟练的计算机操作能力，帮助授课教师完成课件制作和课程录制，并帮助授课教师做其他相关资料的技术处理工作。

（3）版权服务支持

MOOC课程需要大量的专业课程资源，但开放的课程资源往往难以满足授课需求，这就需要引入第三方版权资料。授课教师在引入资料时可能会牵扯版权问题，这使得授课教师使用第三方版权资料的积极性受到打击，最终影响MOOC课程的质量。学科馆员应对授课教师进行版权知识培训，提高教师的版权意识，做到合法引用，可与版权所有者进行商谈，争取版权许可，还可寻找替代资源，避免陷入版权纠纷。

2. 制定MOOC课程体系

学科馆员应融入MOOC课程，参与制定MOOC课程体系。学科馆员在课程体系建设中为授课教师提供资源和技术支持，搜集 MOOC 课程资源并进行整合，同时对现有课程进行分析，与授课教师共同合理调整课程体系。

3. 参与 MOOC 课程改进

高校图书馆应与优质 MOOC 平台合作，增强自身资源优势。高校图书馆通过文献传递为平台提供文献资料，平台为高校授课教师提供课程资源。高校图书馆与 MOOC 平台还可对文献资料和课程板块进行相互嵌入，实现资源共享。教学管理是教学的重要组成部分。授课教师在设计 MOOC 课程时需要参考大量课程资源，以科学安排教学内容。授课过程中会产生大量教学数据，平台通过分析这些数据，从而对授课教师的授课以及学科馆员的学科服务方向进行调整，提高 MOOC 课程质量。

4. 建立 MOOC 资源平台

MOOC 课程发展迅速、专业性强，需要大量的课程资源，高校图书馆应优化资源配置，建立 MOOC 知识资源共享平台。高校图书馆应拓展资源形式，不局限于文献资料，充分利用与学科相关的信息资源，如作业、笔记等资源，还应充分利用数字化资源。在使用第三方资源时，高校图书馆应妥善处理版权问题。学科馆员应与授课教师共同整理信息资源，建立资源共享平台，便于师生使用。

5. 建立 MOOC 学科团队

为解决 MOOC 一些资源的权限问题，高校图书馆应建立 MOOC 学科团队，推进 MOOC 课程的发展。高校图书馆应充分利用自身的文献资料优势，凭借学科馆员的专业技能优势，成立专业的 MOOC 学科团队，为师生提供 MOOC 课程学习的服务。高校图书馆还应加强与其他高校的合作，合作建立 MOOC 学科联盟，以共享课程资源，并建立彼此学科馆员与授课教师的联系，共同进行课程资源整合及利用，进而提高 MOOC 课程的教学效果，提升学科馆员的服务质量。

四、嵌入式学科服务

嵌入式学科服务强调以用户为中心和用户参与，通过有机嵌入用户的学习中，为用户构建个性化的信息环境，提供深入的信息服务。

（一）嵌入式学科服务的目标

1. 建立高质量的馆藏资源

嵌入式学科服务面向用户需求，为用户提供资源保障，与用户共建高质量的馆藏资源。要建立高质量的馆藏资源，高校图书馆需要优化馆藏资源结构，对现有资源进行整合，搜集并整理高质量的数字化资源，建立一体化的信息资源体系，促进本校的教学和科研发展。

2. 提供高品质的服务

嵌入式学科服务有机嵌入用户的物理空间和虚拟空间，了解用户的各种信息需求，融入用户的学习、教学和科研中，通过建立个性化的服务机制，为用户提供高品质的服务，促进用户的知识进步。

3. 提供良好的学习空间

嵌入式学科服务利用先进的信息技术及设备，为用户提供环境优雅的物理空间，构建个性化的虚拟空间。嵌入式学科服务可通过对高校图书馆进行空间改造，将图书馆建设成良好的学习空间，使图书馆成为师生学习和交流的中心。

4. 提升用户的能力

针对用户的不同需求，嵌入式学科服务通过与院系建立联系，为用户提供多种形式的信息素养教育，可将图书馆信息素养教育嵌入专业学科课程，还可开展图书馆信息素养教育培训、讲座等活动，提升用户的终身学习能力。

5. 提升图书馆的地位

嵌入式学科服务深入用户，嵌入用户的社会关系，与用户建立良好关系，从而提升图书馆的地位和影响力。学科馆员通过吸引用户、维系用户和提升用户体验等来使学科服务在更大范围内发挥作用，使高校图书馆能够为更多的用户提供服务。

（二）嵌入式学科服务的模式

1. 嵌入学习与教学的学科服务

学习与教学资源是图书馆嵌入网络学习环境的学科服务的基础。嵌入学习与教学的学科服务应做到以下几点。

第一，在资源类型上，加强数字化资源建设。为师生提供学习与教学资料,如电子课件、电子试卷和电子参考书等,可在图书馆网站中设置电子课件和电子参考书的栏目。历年研究生和各专业的试卷是师生关注的信息资源,图书馆可通过各种渠道进行整理,建设试卷资源,满足师生的需求。

第二,在建设方式上,加强与用户及相关部门的合作。嵌入式学科服务以用户为中心,学科馆员在学科服务中与用户需求相结合,为用户提供专业化服务。在图书馆的资源建设过程中,应邀请用户参与,使图书馆真正为用户所需要。图书馆还应寻求资源建设的伙伴,建立与研究所、出版社、情报机构、信息服务机构等的联系,推动资源建设。

第三,在服务功能上,加强图书馆文献资料与网络信息资源的整合。通过建立网络学习系统,将图书馆的资源和服务嵌入网络学习系统中,可在教学平台界面设置图书馆的链接,方便用户在学习过程中使用图书馆的馆藏资源。图书馆资源与服务嵌入在网络学习系统时,要与该系统的其他资源与服务实现有机结合。高校图书馆可嵌入网络学习系统中的资源有馆藏目录、学科常用资源、按照学科组织的数据库、电子期刊等;可嵌入的服务主要包括指南类(包括资源查找和信息素养教程等)、服务类(包括咨询服务、资源传递服务和馆际借助服务等)和建议类(包括服务改进的建议、资源推荐的建议和图书馆的评论等)。此外,高校图书馆还应对校内外学习与教学资源进行整合,既要整合校内各部门提供的学习与教学资源,又要搜集并整理其他高校或相关机构的各种信息资源。

2. 嵌入科学研究的学科服务

(1)嵌入传统研究过程的学科服务

嵌入传统研究过程的学科服务就是学科馆员嵌入项目的研究全过程,深入了解研究人员的研究进程,为研究人员提供持续的、专业的服务,推动科学研究的深入发展。

在项目立项阶段,研究人员应大量查阅文献,全面把握学科方向的发展趋势,了解学科发展前沿,确定研究方向,寻找合作伙伴。学科馆员在该阶段应为研究人员介绍信息资源的检索方法、获取学科发展前沿动态的技巧、信息资源搜集与整合的方法等,还可为研究人员推荐相关资源,帮助研究人员科学确定研究方向。

在项目研究阶段,研究人员应科学制定研究方案,跟踪研究领域的最新进展并获取支撑文献,进行相关实验,产生研究数据,分析和研究数据,撰写实验论文并发表。在该阶段,学科馆员应协助研究人员收集和存档研究数据,为研究人员提供论文撰写与投稿方面的指导。

在项目结题阶段，研究人员应准备结题资料，参与或组织相关学术会议，进行成果验收。学科人员应为研究人员提供相关研究的比较、查新等服务。研究成果发表后，研究人员应搜集项目评价，跟踪研究成果被应用的领域，关注研究成果的影响力，以便确定下一步的研究方向。学科馆员可提供论文收录、论文引用、论文影响力分析等报告，提供研究成果的存档服务。

（2）嵌入传统科研管理工作的学科服务

高校图书馆以往较少参与科研管理工作，即使参与大多也只是应科研管理部门要求提供论文存档和分析报告服务，极少开展主动性服务。当今高校图书馆应改变这种状态，积极建立和科研管理部门的联系，使学科服务及时获取科研情况，为学科建设提供依据，扩大嵌入科研的学科服务的影响范围，推动高校图书馆及学科服务的发展。

在科研建设工作中，科研管理人员的任务包括：组建科研机构，科学制定本机构的发展规划，管理科研项目，组织申报各类基金项目，了解学科发展的前沿动态，登记科研成果，组织科研奖励申报，了解本校的学科建设发展情况，等。

在科研管理工作中，科研管理人员的任务包括：了解相关学科顶级人才的相关信息，引进符合本机构学科发展方向的研究人员，分析本机构研究人员的研究成果和影响力，进行科研奖励，等。

在学术交流工作中，科研管理人员的任务包括：了解学科领域的研究热点，组织机构内部的学术交流，建立科研信息交流平台，组织校外专家做学术报告，推荐本机构的研究人员参加对外学术交流活动，分析潜在合作者的动态数据，促进本机构与其他机构开展科研合作，等。

根据以上科研管理人员的工作任务，学科服务可通过以下几方面进行嵌入。第一，帮助科研管理人员掌握获取学科发展动态等方面信息的方法；第二，参与科研建设与管理工作，提供科研人员的科研成果及影响力评估报告、学科发展趋势报告和学科科研方向建议；第三，加强与科研管理人员的联系，合作组织学术交流会议；第四，加强科研管理部门与学校相关部门的合作，将学校内分散的科研资源进行有效整理，促进机构内部信息的共享，扩大本校的影响力。

（3）嵌入学术交流的学科服务

尽管高校图书馆在学术交流中的地位被逐渐削弱，但图书馆仍重视自己在学术交流中的责任，不仅提供信息资源服务促进学术交流，还积极建立新型学术交流模式。嵌入学术交流的学科服务提倡开放存取的新型学术交流模式，通过建立学术交流平台，促进校内的学术交流，提高学校的科研质量，扩大学校的学术影响力。嵌入学术交流的学科服务其主要服务内容如下。

第一，宣传开放存取的学术交流模式。对科研人员进行学术交流方面的宣传和教育，鼓励科研人员使用开放存取机制。科研人员可将自己的科研成果在学科知识库中存档，还能浏览其他科研人员的科研成果，实现资源共享。

第二，整合开放存取资源。学科服务应充分利用数字化资源，搜集并整理其中开放存取的高质量资源，不断更新学科资源，还可在图书馆网站上建立检索系统，提供互联网开放存取资源的链接，实现开放存取资源与本馆资源的深度整合，提高资源利用率。

第三，建立资源数据库。资源数据库中应保存本校的论文、研究数据、出版物、工作文档等资料，还应为学校的研究数据和研究成果提供长期的维护服务。开放存取的资源数据库能宣传本校的研究成果，提高学校的学术影响力。

第四，建立学术交流平台。建立学术交流平台，既促进校内人员的学术交流与合作，又体现了图书馆信息服务的价值，提升了图书馆在学术交流中的地位。

第五，与校外机构合作，推广开放存取服务。高校图书馆可与出版社合作，提供其出版物的开放存取服务，还可寻求政府相关部门的政策支持，充分发挥开放存取在学术交流中的作用。

五、机构知识库的学科服务

在数字时代背景下，机构知识库的基本功能是收集并长期保存机构及其共同体的各类信息资源。实现机构数字资源向数字资产过渡的集中管理，对学术机构而言有着重要作用。如果机构知识库与机构内的其他系统互相关联，实现信息共享，甚至互操作，那么其功能将得到极大拓展，从而成为学科服务的重要基础。

（一）机构知识库的学科服务内容

1. 参考咨询服务

传统的参考咨询服务主要采取面对面咨询或电话咨询的方式，由于学科馆员精力和能力有限，不能为用户及时提供服务，经常造成问无所答的局面。基于机构知识库的参考咨询服务，能根据用户需求，为用户提供个性化、智能化的学科服务。用户在登录机构知识库系统后，可在咨询界面内解决所有疑问，解决传统参考咨询服务中费时费力的情况。用户在检索界面输入关键词，即可快速浏览本学科发展的相关信息，还可通过询问学科馆员解除疑惑，能有效提高图书馆参考咨询服务的质量。

2. 专题信息服务

随着用户信息环境和需求的不断变化，传统的专题信息服务已经不能满足用户需求。基于机构知识库的专题信息服务是对传统专题信息服务的重大突破，它通过整合学科相关信息形成专题数据库，可让用户在专题数据库中直接获取相关专题的所有信息。

3. 教学支持服务

基于机构知识库的教学支持服务通过利用现代信息技术，实现图书馆与教学系统的关联，有利于将课程相关的图书馆资源整合到课程管理系统中。机构知识库是与教学信息管理系统、科研信息管理系统等相关联的系统，能为用户提供更多资源，使学科用户能更便捷地获取相关教学资源。

4. 用户个人管理服务

机构知识库能定期获取学科的最新成果，通过标引成果的收录、引用情况等，为科研管理提供自动审核服务，不仅降低了用户申报科研成果的工作量，而且提高了数据的准确性。

5. 知识发现服务

随着信息技术的飞速发展，知识发现服务逐渐成为情报分析服务的重要项目。基于机构知识库的知识发现服务，依托机构知识库自身存储的大量信息资源，根据用户的情报信息需求，在文献情报计量学基础上，深入科研过程，完成知识发展情报服务。

6. 知识产权服务

基于机构知识库的知识产权服务是新时期学科服务的重要内容，主要包括：为科研人员提供知识产权和专利文献运用的咨询与培训服务，提高科研人员对知识产权的重视和专利文献的运用能力；帮助科研人员解决项目研究全过程涉及的知识产权问题；通过机构的科研活动进行分析，为科研机构提供知识产权产出分析情报服务，为其决策和管理提供有价值的参考依据。

（二）机构知识库的学科服务模式

1. 自助模式

机构知识库的自助模式是用户根据自身需求，自助完成资源检索、阅读等活动，自我参与论文引证、教学或学习资料获取等学科服务活动，真正实现用户完全参与服务的学科服务模式。

整个自助模式的实现建立在机构知识库整合大量学科资源的基础上，使用户在登录机构知识库后，根据规则和流程完成相关服务。基于此功能，用户能实现一站式的信息检索、获取、存储等服务。机构知识库为用户提供了检索接口，避免庞杂的学科信息给用户使用过程中带来的信息混乱，让用户直接在检索窗口进行检索，避免了学科信息模糊、错误的可能性，实现了信息资源导航等自助服务。机构知识库由于与教务信息系统等相关联，能为用户提供更为广泛的服务，由于与文献管理工具相关联，能帮用户实现资源搜集与整理。用户在完成学科服务后，根据服务活动的满意程度进行评价，使整个自助模式能不断完善服务，从而实现自助模式的良性循环。

2. 辅助模式

辅助模式是指学科馆员利用机构知识库的信息资源，为用户提供各种服务。辅助模式的顺利完成需要学科服务体系各大要素的团结协作。基于机构数据库的学科服务根据用户需求，利用机构数据库的技术满足用户检索、利用、交流信息资源等需求。当用户提出服务需求后，学科馆员借助机构知识库的信息资源，为用户制定个性化的学科服务方案，执行实施服务，最后根据用户对服务模式的反馈继续改善服务。

3. 互助模式

基于机构知识库的互助服务模式强调利用用户之间的活动而产生价值，以解决问题的方式满足用户需求，使用户成为体验的主体，让用户根据自身需求提出问题，发动其他用户提供该问题的方案，充分利用了用户的知识优势，有效提高了用户的参与度，使用户在提出和回答问题的过程中得到提升。通过用户参与，图书馆能不断提高服务质量。用户通过登录机构知识库，发布求助信息，机构知识库将信息及时推动给其他用户，由其他用户提供解决方案，机构知识库对答案进行整理，将最优答案反馈给用户。机构数据库如果在整理答案的过程中发现问题，则通过补充、调整等手段对答案再次加工，反馈给用户，并自动存储解决方案，扩充后台信息资源。机构数据库在整个过程中实现对用户科研活动的跟踪服务。当用户需求发生变化时，机构数据库及时做出调整，重新发布信息、整合问题、筛选答案，从而真正提供令用户满意的服务。

4. 互动模式

基于机构知识库的学科服务互动模式主要指用户与馆员、用户与用户之间借助机构知识库这一平台，实现互动，以期产生更高的服务效率。该模式主要依靠机构知识库这一一站式的学科服务平台为学科用户开展服务，机构知识库是开展互动服务的重要保障。当学科用户以统一身份认证登录机构知识库，即具备了与其他学科用户或者学科馆员互动的权利，学科用户基于某种动机，以文字、图片、视频、网页链接等形式推送信息，与其他用户形成互动，学科馆员也可以利用此平台向特定的学科用户群推送各类公告等信息，并在互动交流中形成学术圈。

第六章　高校移动图书馆的移动服务创新

随着信息技术的发展和移动设备的普及,移动图书馆变成了一种新型的阅读和获取信息的图书馆服务方式,并且以手机阅读为主要代表的移动阅读已成为当代大学生普遍感兴趣的新的学习方式。因此,高校图书馆作为知识传播和文化传承的重要基地,逐渐向信息化、数字化的方向发展,本章将对高校移动图书馆的移动服务创新进行全方位的剖析。

第一节　移动互联网技术与移动图书馆的产生

一、移动图书馆的研究背景

(一)移动终端、互联网和数字图书馆

移动图书馆的全称为移动数字图书馆,它由移动终端、互联网和数字图书馆三大模块构成。

1. 移动终端

移动终端是通过用户的直接操作,进行信息传输与交换的数字设备,通常是指手机、平板电脑、电子阅读器、笔记本等电子工具。移动终端是呈现一切信息和服务结果的入口,如果没有移动终端,就算移动图书馆提供了有效的服务,用户依然接收不到,因此,移动终端是移动图书馆必不可少的因素之一。目前,移动图书馆最普遍的移动终端是手机、平板电脑和电子阅读器。

2. 互联网

互联网作为信息时代最重要的工具之一,对人们的生活、工作和学习起着巨大的影响。近年来,由于无线通信技术的快速发展,移动互联网随之诞生,为移动图书馆提供了一个真正有效的信息传播渠道和环境。移动图书馆要想实现真正的发展和进步必然离不开拥有着庞大用户群和能够即时通信的

移动互联网，图书馆的数字资源也因为互联网的存在可以进行更广范围的资源分享和资源传递，引导移动图书馆的服务趋势向更加快捷、更加便利、更加多元化发展。

3. 数字图书馆

数字图书馆是运用数字技术，处理和储存各种图文的虚拟图书馆，其实质上是一种多媒体制作的分布式信息系统，具有储存空间大、信息检索便利、传输不受时空的限制、一云多端等特点。目前，数字图书馆的信息服务环境正从互联网向移动互联网转变，手机信息应用平台的数量也逐渐超越个人计算机的数量，可以说，数字图书馆是移动图书馆最重要的基础，为移动图书馆提供着多种媒体内容的数字化信息资源。

（二）移动图书馆的产生

移动图书馆译自"Mobile Library"一词，意思为"汽车图书馆"或"流动图书馆"。这种图书馆的产生是为了解决偏远地区的阅读问题，它主要是通过汽车等交通工具向农村或偏远地区输送书籍杂志的方式。虽然这种图书馆相较于以往的公益图书馆形式更加特殊，但其实质仍属于传统图书馆。

随着计算机、移动信息、互联网等技术的快速发展和各种移动终端设备的普及，移动图书馆服务逐渐变成一种利用移动设备访问图书馆资源，并进行获取信息和服务的新型服务方式。移动图书馆中的资源多种多样，既包括手机短信、邮件等简单的文本信息，也提供图片、音频、视频等多媒体信息，不仅服务方式越来越便捷，其服务内容也越来越多样化和个性化，成为现代人们学习和工作中必不可少的助手，被称为"掌上图书馆"或"手机图书馆"。

传统移动图书馆和现代移动图书馆二者的实质都是为满足广大读者的阅读需求而提供的便捷式服务，但由于其服务表现形式、载体及内容等相差甚远，二者又是两种完全不同的图书馆，以下是对几个不同点的详细解释。

第一，服务表现形式不同。传统移动图书馆的服务表现形式是物理的实体，读者们所接受的服务都是通过人与人之间面对面的交流进行的；而现代移动图书馆的服务表现形式则为虚拟的数字服务形式，用户与服务人员之间隔着网络进行交流，服务是虚拟的，需要信息技术的支持才能完成。

第二，载体设备不同。传统移动图书馆采用的载体是流动书车，车辆承载着一定数量的图书定时定点地送到各个地方；而现代移动图书馆采用的载体为移动终端，如手机、平板电脑、电子阅读器等。

第三，内容媒介不同。传统移动图书馆的内容服务媒介以纸质书籍为主，读者们所阅读的书籍杂志都是看得见摸得着的;而现代移动图书馆的内容服务为电子资源,包含图片、音频、视频等多种多媒体资源。

尽管从传统移动图书馆到现代移动图书馆的发展历程中出现了包括服务形式、服务内容及服务途径等全方位的改变,但二者都是其所属时代对图书馆的创新,为当时的广大群众提供了阅读的便利条件和服务。传统移动图书馆在一定程度上解决了偏远地区的阅读问题,丰富了偏远地区的社区文化,为创造全民阅读的良好氛围做出了一定的贡献。现代移动图书馆更是突破了时空的限制,人们不仅可以远程获取图书馆的资源,做到随时随取,还可以丰富阅读体验,享受多样化、个性化的服务。

(三)移动图书馆的发展脉络

通过对图书馆资源提供形式、信息环境类型及读者阅读方式等因素的对比,可以整理出移动图书馆主要的发展脉络。

1. 第一代移动图书馆

第一代移动图书馆是第一代支持通过移动终端接受服务等功能的软件模块,它也被视为基于 Web 图书馆应用系统的移动版本。通常提供的是短信提醒服务和短信咨询服务,后续又逐渐增加了短信预约和短信续借服务等。第一代移动图书馆具有极高的可用性,在如今仍然是移动图书馆使用较为广泛的服务方式之一。

2. 第二代移动图书馆

第二代移动图书馆是将基于 Web 的数字图书馆和服务转移到移动互联网平台上,它主要提供互联网数字图书馆资源。用户可以通过手机、平板电脑、笔记本等移动设备进行体验和使用。第二代移动图书馆是目前主流的移动图书馆。

3. 第三代移动图书馆

第三代移动图书馆虽然具有一定的实践模式,但还处于探索的阶段。这一代移动图书馆相较于前两代来说,特点更加突出,具体有以下几点。

第一,附加功能增强。第三代移动图书馆可以实现定位、二维码识别、移动社区服务等功能,交互性和个性化服务更加明显。

第二,功能服务呈松耦合状态。移动图书馆各功能服务相互独立,互不干扰,客户端与远程服务之间的依赖状态不强,不会出现功能之间互相影响破坏的现象。

第三，技术依赖性强。目前，大部分的用户通过手机在线访问图书馆，手机成为最具潜力的信息传媒终端。因此，第三代移动图书馆受手机技术发展的限制，依赖手机技术的发展，不易定型。

（四）移动图书馆在国内外的发展现状

1. 国外发展现状

移动图书馆最早应用于美国亚利桑那州健康医学图书馆，随后慢慢普及。1993年美国南阿拉巴大学图书馆推出的"无屋顶图书馆项目"，提出移动设备检索图书资源的可行性想法，刺激了国外众多图书馆利用短信、WAP网站、移动终端、二维码等信息技术为用户提供图书借阅、馆藏查询、移动阅读等服务。随着信息技术和移动设备的快速发展和普及，移动图书馆与更多的移动技术和设备相结合，入驻国外多所高校，吸引更多学者加大对移动图书馆的建设和研究，加速图书馆服务走向移动互联网时代的步伐。从移动图书馆的服务方式看，目前国外移动图书馆服务以WAP服务为主，短信服务模式也较普遍，另外数据库的提供商也成为移动图书馆的建设者之一。

2. 国内发展现状

国内移动图书馆建设并提供服务较国外晚一些，于2000开始，2005年进入集中发展阶段。我国最早开通移动图书馆服务的是北京理工大学，于2003年12月开通。截至目前，服务模式已经包括短信、WAP网站、电子书服务和视频指南服务、二维码服务等多种类型。其中以短信服务和WAP服务为主，部分图书馆提供专业App服务。国内图书馆一般以图书馆、移动运营商和信息技术公司三方合作为主。移动图书馆的开设范围从省级图书馆延展到高校图书馆，服务内容从最初的讲座预定、借阅咨询到现在的书目检索、音视频服务等逐渐向个性化、交互性方向发展，发展形势浩大，发展速度迅速，发展趋势良好。当前，具有代表性的是以超星移动图书馆为首的移动数字图书馆。

（五）国内移动图书馆的优缺点及其发展前景

1. 优点

移动图书馆方便快捷，能够使用户及时获取到需要的信息资料。与传统图书馆比较来讲，移动图书馆更加节省用户时间，减少了用户浏览不需要的信息而浪费的时间。移动图书馆还能整合用户信息，为日后每个用户能够更方便地使用图书馆提供有效帮助。在大数据时代，信息成为社会发展的重要角色，移动图书馆所包含的海量数据会推动人类的进步和社会的发展。

2. 缺点

第一，我国移动图书馆服务的覆盖率低，只有少部分高校和城市拥有。第二，服务模式比较单一，只有短信服务和WAP网站服务。第三，技能培训之后，我国需要尽快培养符合要求的能够胜任移动图书馆工作的人才。第四，不够重视用户体验，太依赖开发商。

3. 发展前景

移动图书馆服务模式还不完善，以后的发展还需要服务对象扩大化、服务模式复合化、服务功能生活化、移动信息利用素养与技能教育深入化、读者体验专业化、建设行业成熟的客户端系统等。移动图书馆毕竟还处在刚起步的阶段，需要改善的方面还很多，然而其发展前景很好，有着广阔的发展空间和市场，但是也要考虑到现实情况，依据用户需求，紧随时代脚步，开展创新活动，使移动图书馆能够广泛为人们所接受。

二、移动图书馆的定义

移动图书馆概念是从国外传入中国的，最初它是指通过车辆等运输工具为偏远地区解决阅读问题提供的公共服务，但随着科技的发展，图书馆与互联网、移动终端、数字空间系统相结合，发展成以手机为主要移动设备并具有各种图书馆服务功能的移动数字图书馆。关于移动图书馆的具体定义，国内外学者各持不同看法。

国外学者持有以下观点：

①移动图书馆是能够提供广泛数字资源和图书馆服务的移动网站；

②移动图书馆是一种在移动环境下支持学习的信息获取设备，是数字图书馆的移动扩展；

③移动图书馆是通过移动设备传递信息和学习资料的图书馆，不受时间和地点的限制；

④移动图书馆包含移动互联网服务，是通过移动设备提供的随时随地的服务。

国内学者持有以下观点：

①移动图书馆是移动读者通过移动终端设备，以无线为接入方式提供的图书馆服务；

②移动图书馆是一种服务方式,它通过移动终端访问图书馆资源,帮助用户进行阅读和图书馆业务查询;

③移动图书馆依托无线移动网络、国际互联网及多媒体技术,以各种移动设备为终端,为用户提供超越时空限制的图书馆图书信息的查询、浏览与获取等新型的图书馆信息服务;

④移动图书馆是一种新的环境,在这种环境中用户能随时感受图书馆的存在,也被称为"移动图书馆环境";

综合国内外学者的观点,可以认为移动图书馆是一种利用现代化设备、为用户提供图书馆服务的移动服务方式。

三、移动图书馆的特征

(一)移动性

移动图书馆相较于传统图书馆最大的不同是其具有移动性的特征。用户通过使用移动设备,如手机、平板电脑、电子阅读器等不受时间和地点的限制,随时享受图书馆的图书借阅、讲座通知、借阅逾期提醒及个性化定制信息等服务。当用户需要查询图书馆的馆藏信息来寻找需要的图书资源并进行书目检索时,只需要接入移动互联网就可以实现。另外,用户还可将在线资源下载到本地,不仅可以阅读电子书刊,也可以享受一些音频、视频等多媒体资源。

移动图书馆的移动性特征在很大程度上帮助用户进行了碎片化时间的优化,用户可充分利用碎片化时间进行移动阅读,不仅节省大量的时间,还可提升获取信息的效率。

(二)实时性

移动图书馆的实时性体现在用户角度和移动图书馆角度两个方面。一方面,从用户的角度来说,用户可以在第一时间内收到移动图书馆的服务信息,比如图书预约、逾期提醒、讲座信息等消息,还可以实时查阅图书馆的馆藏信息、目录检索信息、获取文献资料等;另一方面,从移动图书馆的角度来说,移动图书馆将移动互联网技术和数字图书馆资源进行了完美的结合,利用移动互联网永远在线的特点,实现了二十四小时不间断的全天服务。移动图书馆的服务平台随时为用户提供信息的查询、提醒、下载、推送及自动回复的服务,使得每位用户在任何时间都可以通过移动终端设备获取信息或服务,服务效率较传统图书馆有了极大的提高。

（三）便捷性

便捷性也是移动图书馆具有的重要特征之一，具体体现在三个方面。首先，移动图书馆不受时间和地点的限制，用户可以随时随地对图书馆进行访问和获取服务；其次，随着移动通信技术的发展，移动图书馆的移动数据的传输速率也有了大幅度的提高，用户可以在很短的时间内获取大量的资源；最后，移动图书馆并不属于实体图书馆的范畴，是互联网、移动终端和数字图书馆的结合，用户从移动终端设备获取移动图书馆提供的服务与信息。当前的移动终端设备更新速度快、更新质量高，以手机为例其重量越来越小、储存空间越来越大、使用功能越来越强，因此便于携带和保管。对于从移动图书馆内获取的资源，用户既可以在线浏览，也可以下载保存在手机、平板电脑、电子阅读器等设备中。

（四）主动性

移动图书馆还具有主动性的特点，这是传统图书馆所缺乏的。用户要想获得服务和信息，需要主动向图书馆说明自己的需要和要求，这会导致工作效率低，用户满意度下降。但是现代移动图书馆改变了这一模式，变成了主动为用户提供积极的服务，其具体表现在以下三点。

第一，构建用户模型。用户模型即虚构出一个用户用来代表一个用户群体，是对用户信息需求的模型表示，构建用户模型可以为用户提供个性化、成熟化的服务。对于移动图书馆来说，用户只需提供相关的资料和兴趣文档，就可以为用户建立一个个性化的用户模型，主动为用户提供服务。

第二，主动交流沟通。移动图书馆以满足用户信息需求为目标，针对用户的需求规律和特点，进行主动地沟通交流。

第三，主动提供信息。移动图书馆根据用户的阅读习惯和基本需求进行数据分析，将与用户需求匹配的信息进行有效整合，然后以多种信息形式主动推送给用户，为用户提供更多的选择空间。

（五）互动性

由于融合了先进的移动通信技术，移动图书馆的互动性被大大增强，成为其又一重要特征。移动图书馆的互动性主要体现在双向交流的服务模式上，移动互联网为图书馆与用户提供了便利的交流平台，二者之间的交流突破了只能由图书馆向用户提供单向服务的服务模式，在移动图书馆为用户提供服务的同时，用户也可对移动图书馆进行反馈和评价。这必然会促使移动图书馆更加注重用户的参与感和体验感，从而进行内容和服务的优化。

因移动图书馆具有互动性的特点，使得更多的用户能够参与到图书馆的建设和服务中来，移动图书馆的可用性和实用性得到了提升。这不仅符合其以用户为中心的设计理念，还推动了移动图书馆朝着更加全面的方向发展。

移动互联网的发展，促成了移动图书馆服务方式的产生，而基于移动互联网的移动阅读，也逐渐成为一种新的生活方式。如今，移动图书馆为信息社会中高节奏生活的人们提供了一种灵活、便捷的阅读和学习方式。随着手机等移动设备的用户数量的迅速增长，移动图书馆的应用前景会更加广泛，同时移动图书馆服务对信息社会的发展也具有重要的意义，它必将成为未来图书馆的重要服务方式。

（六）个性化

前面曾提到移动图书馆能够为用户构建用户模型，并通过分析用户的使用习惯和需求为用户积极主动地提供相应的信息和服务，这也从侧面证明了移动图书馆具有个性化的特征。个性化不仅是移动图书馆区别于传统图书馆的特征之一，还是移动图书馆未来的发展趋势。通过全天候、全方位地为每一位用户提供个性化服务，满足不同用户在不同时间内的不同需求，是移动图书馆吸引广大用户的主要因素之一。

移动图书馆的个性化服务可以体现在对用户历史检索行为、信息访问情况及用户模型构建基础的兴趣和需求挖掘等方面。不仅如此，服务的专业程度也体现着移动图书馆的个性化。如今，移动图书馆要根据用户对信息服务的要求提供具有较高专业程度的个性化服务，对信息进行更深层次的挖掘和整合，最大限度满足用户的需要。

四、移动图书馆的服务方式

（一）短信服务方式

短信服务方式是早期移动图书馆主要的服务方式之一，也是现在移动图书馆常用的服务方式之一，它主要通过手机短信发送一些移动图书馆的服务信息，比如图书逾期提醒、图书续借提醒、图书预约提醒及讲座通知等。短信服务能够一直保留的主要原因有两点：一是当时的移动通信技术是以短信为主的，短信是传递各种信息和消息的主要渠道，直到如今依然非常普及；二是因为移动图书馆的建设也是从手机短信开始的，从最初一直发展到现在，服务已经相对成熟，并且有了雄厚的群众基础。

目前，国内外移动图书馆的短信服务还是存在一定区别的。国内主要提供短信提醒类服务，国外主要提供短信提醒类和短信咨询类服务。短信提醒类服务就是前面提到的图书逾期提醒、图书续借提醒、图书预约提醒及讲座通知等，都是由系统自动生成并发送的；而短信咨询类服务就是通过短信的方式进行咨询和问题答复，是一种良好的服务互动方式。

在所有的短信服务中，图书逾期提醒是最常用的服务。用户在借阅书籍后通常会因忘记还书时间而导致借阅逾期，需要缴纳一定金额的罚款，不仅浪费了金钱，还使自己的信用度受到影响。因此以短信形式发出的图书逾期提醒是必要且有效的，用户能够不受网络和设备的限制得到及时的提醒。此外，图书预约提醒、图书续借提醒、短信查询等服务也很受欢迎。

短信服务方式有利有弊，其优点有以下几点：
①实用性强，是一种有效的提醒方式；
②普遍性高，拥有广泛的手机用户群体，只要手机插上电话卡就能实现信息服务；
③灵活性好，不受网络的限制，随时随地能够接收；
④成本低，由于短信提醒类服务的信息是自动生成的，交互也更加便捷和稳定。

短信服务方式的缺点有以下几点：
①格式简单，只支持文本类信息；
②传输受线路和信号的影响，如果信号偏弱或线路受阻就会传送失败；
③交互性不够，更偏向于被动或单向接收信息，不能得到及时的反馈；
④保密性差，没有相对完善的信息保密机制；
⑤由于信息长度有限，不能进行更高要求的信息检索。

（二）WAP 服务方式

WAP 即无线应用协议，其应用结构与互联网类似，移动设备可以通过它所提供的开放统一的平台，实现数据业务和增值业务，为无线网的互联建立基础。

图书馆通过采用 WAP 网站的方式为用户提供丰富的移动图书馆服务。与短信服务相比，WAP 服务不仅可以通过移动设备随时登录移动图书馆网站查询个人借阅信息，还可以实现更高要求的目录检索。WAP 服务弥补了短信服务的不足，使图书馆服务变得更加便利。

WAP 服务方式具有很多优点，比如界面简洁、易操作、能够进行数据同步并统一存储接口。此外，丰富的网站服务可以满足用户多元化的需求，不仅可以提供多媒体信息服务，还可以实现与用户的实时互动。用户可以使用各种移动终端通过 WAP 网站访问互联网。

但是，WAP 技术也有很多不足之处，比如如果没有 WAP 网关，就不能访问互联网，在语言方面也不支持 HTML 语言，受到 WAP 网关和 HTML 语言的双重限制，而且 WAP 服务运营成本较高，图书馆需要支付很大一笔费用给运营商来维持网站运营和维护。移动图书馆用户群体的服务费用是盈利资金的主要来源，如果实际的运营利益不能填补实际的支出成本，移动图书馆的网站会遭受很大的损失甚至会影响到用户的体验。

目前，虽然 WAP 服务方式还存在一些不足，但是 WAP 服务方式提供了比短信服务方式更强的功能，也是一种重要的移动图书馆服务方式。

（三）I-mode 服务方式

I-mode 是基于数据信息包的传输技术，它是由日本多可莫公司（NTT DoCoMo）推出的互联网技术，其计费模式根据用户使用信息量收费，在很大程度上降低了用户的上网费用。用户通过少量的价钱获取新鲜丰富有深度的网上内容，是一种十分成功的服务方式。I-mode 服务与 WAP 服务相比，最大的不同是所使用的标记语言不同，WAP 服务采用 WML 语言，而 I-mode 服务采用的是 cHTML 语言。

I-mode 采用的是当时最先进的包交换技术，其移动上网模式具有以下三方面的技术优势。

①用户无须拨号便可畅游互联网，只要用户保证处于开机状态，他也就处于联网状态。

② I-mode 的传输速率可以达到 9.6kbps，优于 WAP 的传输速率，传送 E-mail 也只需要 500bps，拥有强大的记忆库，可以储存 500 个电话号码及 50 封电子邮件信息。

③ I-mode 技术能够很容易地建设所需要的网站，其所使用的是简化的 HIML 语言，传统的互联网网站可以很容易转变成 I-mode 网站，为 I-mode 服务提供了广阔的发挥空间。

尽管 I-mode 服务方式具有很多的优势，但其目前仅在日本使用，而 WAP 服务方式是在世界范围内使用的，并且 I-mode 服务方式必须使用网关将无线网络连接到服务器上，而服务器上的站点也必须使用 I-mode 服务方式。这些使 I-mode 服务方式在推广上受到一定的局限性。据专家分析，如果技术方面能达成一致的话，未来的 I-mode 服务与 WAP 服务有可能会走向融合。

在日本，I-mode 服务与移动图书馆相结合，图书馆可以接收学生的电子邮件预约，并且很多大学会给新生配置电子邮箱，只要把大学服务器的邮件转到手机上，学生们就能收到借阅图书的逾期通知等服务。此外，通过 I-mode 网络，用户可以访问多家网站，可以查阅交通地图，与朋友交换照片，购买火车票和进行更多业务，而且新型的 I-mode 手机能够解释语音命令等，用户还可以定制个性化的主页，打开手机就可以进入自己定制的服务内容中。

（四）客户端软件方式

客户端软件服务就是将移动图书馆软件安装在移动客户端上，为用户提供更加丰富便捷的移动图书馆服务。目前，客户端软件服务方式被越来越多的人使用，是一种新兴的移动图书馆服务方式。客户端软件服务方式较上面三种更加便捷，原因是用户不需要登录 WAP 网站，只要在移动终端设备上安装移动图书馆软件就能使用图书馆提供的服务，并且服务包含多种，如移动馆藏目录检索、个人借阅信息查询、移动馆藏阅读、移动参考咨询、图书馆导航等。

在当前的移动图书馆客户端软件市场上，支持最多的功能是馆藏目录检索功能，其次是用户信息查询、续借以及图书馆导航功能等。

移动图书馆客户端软件的优点有以下几点。

第一，检索方便。用户只需在移动设备端的移动图书馆搜索框内输入关键字词就能在极短时间内获得检索结果，并且现在检索技术还与图片识别技术相结合，用户只需将要检索的内容以图片的形式拍摄下来并进行识别检索，也能很快得出检索结果，相较以往的检索方式更加便捷。

第二，功能强大。移动图书馆客户端软件不仅包含基本的移动图书馆功能，还具有超强的交互性，用户不仅能在客户端发表评论、分享信息，还可以看到其他用户的评论，与其他用户进行双向的交流，增加用户之间的联系，还可以提高用户的黏性。

第三，体验感好。移动图书馆客户端软件的布局比网页版布局更加清晰，操作也更加方便，用户的体验感更倾向于客户端。

移动图书馆的客户端软件服务也有一定的局限性，它依赖于开发平台、终端性能、网络基础等多方面条件，而开发平台有多种标准，提高了其研发成本和推广成本。尽管如此，但随着技术的发展，客户端软件服务必将成为一种重要的移动图书馆服务方式。

（五）四种服务方式的比较

短信服务方式是四种服务方式中应用最广泛的服务方式，它的主要优势有结构简单、交互便利、成本低廉等，但其只支持文本类信息、更偏向于被动或单向的接收信息以及没有相对完善的信息保密机制因而具有一定的局限性。

WAP服务方式的应用也比较广泛,与短信服务方式相比拥有更多的功能,能提供较多的信息和服务,实现在线互动的功能,它在系统语言支持方面、运营成本方面以及访问速度方面也存在着较大的不便。

I-mode服务方式可以被称为全世界最成功的移动上网模式,除了它在推广范围上的不足,其所采用的技术、总是在线的移动上网模式及低廉的收费标准都受到读者的推崇和喜爱。

客户端软件服务模式扩充了移动图书馆服务方式,使之更加的多元化。此外,它还能实现一键登录,为读者节省了大量的时间和精力,利用移动设备进行有效的检索和查询。客户端软件布局清晰,操作方便,有利于读者进行信息获取和分享,但因其开发技术尚在摸索阶段,技术和研发成本方面都有着一定的制约性。

五、移动图书馆的服务内容

(一)移动目录检索服务

移动目录检索服务是移动图书馆提供的最主要的服务内容,也是建设移动图书馆的核心部分,通过开通移动检索服务,更多的用户能够通过移动终端查询书目检索信息,方便而又快捷。此外,移动图书馆的检索系统还可以帮助用户进行借阅信息查阅、通知提醒查询等服务。移动目录检索服务就是对馆藏书目进行抽取和整合,检索界面可以分为初级检索、高级检索,其中检索还可细化为中文搜索和外文搜索,检索条件包括年代、学科、作者等。以全国图书馆参考咨询联盟为例,馆藏资源分为图书、期刊、报纸、学位论文、会议论文、专利、音视频等类别,其中图书检索可以按照全部字段、书名、作者、主题词、丛书名以及目次等方面进行检索,检索分类一目了然,细致而有新意。随着移动图书馆建设得越来越成熟,其检索系统也更加具体化,为用户节省了大量的查询时间,在移动图书馆服务中发挥了重要的作用。

目前,国内大部分移动图书馆系统采取的是超星移动图书馆系统,可以实现六大板块功能:在线一站式检索图书馆书、刊、论文等文献信息的功能,解决了本馆资源与本馆没有资源的获取功能,全球最大的中文电子图书和学术视频提供商,资源导航模块,个人中心模块以及信息发布模块。除超星移动图书馆外,也有一些移动图书馆是采用自建或合作的方式构建的。

（二）移动馆藏阅读服务

移动馆藏阅读就是用户通过手机等移动设备能够对移动图书馆中的数字资源如电子图书、电子期刊、有声图书、在线音频、在线视频等资源进行阅读和使用，馆藏覆盖面非常广泛。这些馆藏资源可以分为由移动图书馆购买和移动图书馆自建的馆藏资源两大类，其中由移动图书馆购买的资源占主要部分，移动图书馆自建的馆藏资源占次要部分。移动图书馆购买的资源主要是各种类型的移动数据库和期刊数据库，用户可以使用移动设备对数据库进行访问和查询。国外图书馆常见的数据库有史蒂芬斯（EBSCOhost）数据库、爱思唯尔（Elsevier）数据库及施普林格（SpringerLink）数据库，国内图书馆常见的数据库有中国知网（CNKI）数据库、龙源期刊数据库和超星电子图书数据库。这些数据库随着移动图书馆的发展先后推出了各种移动版本，此外，以亚马逊为首的电子阅读器也向用户提供了移动电子资源。而移动图书馆自建的馆藏资源主要基于此图书馆的特色而建设，大部分为一些珍贵的文本、图片和影像资料。

近年来，移动图书馆内多媒体数字资源越来越丰富，以有声读物为例，阅读有声读物已经成为现在非常流行的新型阅读方式，受到广大用户的喜爱。有声读物即有声音的书，原来是录制在磁带中的出版物，现在指的是数字化的、能够发出声音的"电子书"。有声读物将纸质书的内容和人的声音相融合，经过数字化技术的处理，满足了人们对文字与声音结合的需要，尤其对那些视力不便、识字不多的老人、儿童以及残障人士来说是一项接近图书的重要方式，人们只需在移动端进行点播就可以听到声情并茂的朗读，享受移动阅读带来的乐趣。

移动图书馆不仅拥有丰富的馆藏资源，移动阅读服务也是其所提供的主要内容之一。当前，移动阅读服务的方式有两种：连同资源、设备一起外借的服务方式和只将资源外借的服务方式。前一种服务方式需要投入大量的阅读设备，以电子阅读器为主，图书馆将馆藏资源传入阅读设备，用户借出后可直接下载各种电子资源；后一种服务方式只需要用户安装相应的移动图书馆客户端软件或进入移动图书馆的官方网站上，通过专用软件对用户和资源进行管理，用户就可享有在线阅读或离线下载的服务。对比两种阅读方式，就推广度而言，第二种方式更加流行。阅读器借出服务虽然是一种非常方便的服务方式，但这是针对用户而言的，对于图书馆来说需要进行各方面的考量和准备才能投入使用，目前，这种服务方式在国外较多，在国内较少。国内用户基数大，更适用较自由的服务方式和管理方式，因此第二种方式在国内比较受欢迎。

移动互联网使人们的生活步入了碎片化阅读时代，人们可以利用移动设备随时随地获取图书馆的移动馆藏资源，享受移动阅读服务所带来的便捷。如今，移动馆藏阅读服务极大地方便了用户，它不仅是移动图书馆的重要服务内容，也是一种全新的移动服务模式。

（三）移动参考咨询服务

移动参考咨询服务是体现移动图书馆服务的重要内容之一，伴随着移动服务的发展而产生。对于移动参考咨询服务的最终概念，很多学者给出了自己的定义。目前比较受大众认可的说法是，移动参考咨询利用移动设备进行单向或双向的交流和问答，同时移动图书馆服务平台还为用户推送相关的参考信息。通俗讲就是，参考咨询服务是将传统的参考咨询和数字参考咨询的服务内容嫁接在移动平台上，其服务更具快速性和便捷性。

1. 特点

移动参考咨询服务具有以下四个特点。

（1）灵活性

移动参考咨询服务手段不受时间和地点的限制，随时提供在线服务，网络配置可以进行灵活调整和更新，广大用户可以根据个人时间自由地进行咨询，灵活性非常强。

（2）多样性

移动参考咨询服务信息丰富多样，不仅包含图书、期刊、报纸等传统的纸质文献资源，还包括各种音频和视频资源，更有专业的数据库资源和网络信息资源，用户可以自由地选择文本、图片及多媒体等信息。

（3）开放性

开放性体现的是服务环境的开放，也就是移动终端可以根据用户的自身情况进行选择和使用。

（4）经济性

移动参考咨询服务的成本支出主要是在设备安装和人工维护方面，用户只需支付终端购买费用，既不用安装复杂的物理线路也为成本的维护节省了开支。随着移动图书馆服务的不断发展，移动参考咨询服务已经成为移动图书馆服务的重要内容。

2. 分类

移动参考咨询服务的方式有两种：一种是对馆藏资源使用的参考咨询服务，另一种是对移动设备使用的参考咨询服务。

第一种服务方式主要针对那些对图书馆服务没有基本了解或者没经过馆藏资源使用培训的用户服务的。用户因为不熟悉图书馆情况而无法找到自己需要的资料，移动咨询服务的产生解决了这一问题，为用户带来了极大的方便。目前，国外许多图书馆都为用户提供音频和视频指南服务，包括图书馆的参观导览指南、规章制度指南、资源使用指南和咨询服务指南等。近些年，播客服务是国外移动图书馆服务的流行趋势之一，它通过一种易于访问的格式提供点播服务，使远程教育和海外学习的人员受益。基于馆藏资源使用指南的音频和视频服务，是一种新型的移动参考咨询服务，为图书馆用户提供了极大的便利。

第二种服务方式是对移动设备使用不熟练以及不了解移动图书馆服务方式的用户开发设计的。图书馆对移动设备使用的参考咨询服务主要包括短信参考咨询、移动客户端参考咨询和移动电话参考咨询等。其中，短信参考咨询是一种主要的移动参考咨询服务。如果用户的问题可以用简洁的语言回答，那么可以考虑使用短信参考咨询服务，短信参考咨询是指用户以短信的方式发送咨询问题，并以同样的方式接收回复的服务。如果大部分用户的咨询都可以用简短的文字回复，那么这种咨询服务就十分便捷。除短信参考咨询以外，基于移动设备的参考咨询服务，也是移动图书馆服务的重要组成部分。

（四）移动二维码的服务

QR码是二维条码的一种，是近几年来随移动设备发展起来的一种超流行编码方式，最早由日本电装公司发明，原用于汽车制造厂的零件追踪，后广泛应用于各行业领域。QR码内包含大量字节符号信息，可以被快速读取，其保密性、防伪性、纠错能力都非常强大，并且制作成本低、易推广。

移动二维码因其具有信息量大、易识别、成本低的特点广泛应用于全球各个国家的各个领域，特别是在中国，由于微信营销和电商平台的快速发展，二维码已经成为人们生活中不可缺少的技术。QR码搭配解码软件，自动识别码内信息，甚至无须对准图像，以任何角度扫取都能被正确解读，很少出现错解或无解的情况。

在图书馆领域，移动二维码服务的出现也为用户提供了更加便捷的服务。现在许多图书馆将馆藏资源的一系列信息存于QR码中，用户只需要用手机扫取二维码，就能获取非常详细的图书信息、图书馆导航信息及下载服务等。目前，国内外多座图书馆引进了二维码技术，陆续推出基于二维码的一系列服务。QR码在移动图书馆的主要服务内容体现在以下三点。

第一，登录快捷。按照普通的方式登录二维码需要经过输入账号、输入密码及输入验证信息等步骤，如果账号和密码输入错误还需重新开始，甚至错误达到一定次数，账户会被锁定。而使用 QR 码登录，用户只需用手机识别移动图书馆的 QR 码，就能快速登陆上去，既减少了烦琐的输入过程也确保了自己的信息安全，实现一秒登录的服务。

第二，信息全面。QR 码内包含了图书馆内大量的馆藏信息，用户要想了解图书的详细信息，比如题目、作者、出版社、图书摘要、书号等，只需扫描二维码，各种信息就会全都呈现在手机上。如果用户需要进行借阅，这本书所在馆的位置、所摆放的书架信息也都有着精准的显示，可以指引用户找到该书。针对部分多媒体数字资源，QR 码也展现出强大的储存能力，用户可以随时地进行扫描查看。

第三，服务多样。QR 码不仅仅具有储存信息的能力，通过 QR 码，还可以进行用户的身份识别。用户一切的借阅、归还行为都可以通过 QR 进行认证实现，每位用户都有属于自己的二维码，这不仅能提升图书馆借还记录的效率，还避免了出现记录失误的情况。

随着移动技术的发展，二维码服务在图书馆中的作用越来越重要，逐渐显示出其独一无二的地位和特征，而 QR 码作为二维码的一种，既实用又便捷，它所提供的服务能让用户直接获取他们想要的内容，是推动移动图书馆的最佳工具之一。移动图书馆要想实现更快的发展，就必须重视与二维码的有效结合，让二维码带给移动图书馆更大的帮助和便利。

（五）其他移动服务功能

1. 图书馆定位导航服务

图书馆定位服务主要是针对那些对图书馆并不了解的用户或者方向感较差的用户而提供的服务，对其他用户来说也能帮助其更快地寻找自己所需的资源，是一项非常实用的服务。对于在图书馆内查找图书的用户而言，穿梭于各个场馆却找不到自己需要的资料非常不便，而服务台咨询也不能得到直接有效的帮助，这时利用移动设备就可以轻松地进行馆藏定位导航，帮助用户找到需要的图书。移动图书馆提供的定位导航服务，为用户查找文献提供了极大的便利，这也是未来移动图书馆服务的一种趋势。

2. 移动社交网络服务

移动社交网络是近几年兴起的移动网络服务，国内外的移动图书馆也都设置了相应的网络连接，方便用户分享自己的信息或者关注其他用户的动态。此外，更有部分图书馆提供了云笔记功能，用户可以在云笔记上进行书写和涂鸦，丰富了用户的记录方式。移动图书馆社交网络服务是基于文献资源及移动用户关系分享和传播的平台，也是未来移动图书馆服务的发展方向。

六、移动图书馆的服务趋势

（一）实时性移动服务

移动图书馆将会朝着实时性的移动服务趋势发展，这是基于时间维度的移动服务。实时性移动服务主要分为三个方面，首先是移动图书馆为用户提供实时的信息提醒服务；其次是用户能够随时访问移动图书馆的馆藏资源，通过移动检索服务及时获得检索结果；最后是用户可以随时在移动图书馆的各种频道订阅和获取服务信息。移动图书馆为用户提供实时的信息提示服务包括借阅逾期提醒、图书预约提醒、罚金缴费提醒、新闻讲座提醒等，另外图书馆还为用户提供热门书籍推荐、新书预告等活动提醒等。通过实时性服务，用户可以随时访问移动图书馆的馆藏资源，对需要的书目快速地进行移动检索，打破了以往传统图书馆在时间上的局限性，在服务效率上得到了很大的提升。同时，用户通过在移动图书馆订阅书刊频道，能及时获得图书馆的更新信息，掌握第一手资料，对于学习和工作有着很大的帮助。

除了上述具有明显代表性的实时信息服务外，在未来移动图书馆还将实现实时支付功能，用户在移动客户端完成小额度的交易活动，不仅省去了前往实体图书馆的时间，还能获得比现金交易更加实用的移动支付服务，满足大部分用户的实际情况和需求。但需要注意的是，图书馆的实时移动支付功能虽然更加便捷和实用，但还是存在一定的风险，用户要及时做好预防风险的准备工作，避免造成财产损失。

（二）定位性移动服务

移动图书馆将会朝着定位性移动服务的趋势发展，这是基于位置信息的移动定位服务，为用户提供图书馆导航和馆藏资源定位等空间上的服务，也是较为实用的服务之一。

移动图书馆的定位服务充分考虑了用户的现实需求，对于方向感差或并不熟悉图书馆资源分布的用户，馆藏定位服务解决了他们寻找资源困难的问题，帮助他们更加准确快速地找到目标资源，有效节省了时间。例如，用户先对所需资源进行目标检索，然后使用移动终端设备扫描已检索出的图书二维码标识，获得具体的馆藏位置信息，实现定位移动服务。

移动图书馆的定位服务还体现在提供图书馆的导航上。目前，图书馆的馆藏资源呈现出不平衡的现状，一些地方级别较大的图书馆馆藏资源丰富，而级别较小的图书馆馆藏资源稀缺，用户需要根据自己的定位和需求确定去哪一家图书馆寻求服务。而移动图书馆的移动定位服务恰好可以根据用户的具体位置，帮助用户寻找邻近的图书馆，提供导航服务，满足用户需要。

目前，移动图书馆的移动定位服务正被大力推广，相信这项服务会越来越完善，为更多用户创造便利。

（三）交互性移动服务

移动图书馆将会朝着交互性的移动服务趋势发展，这是基于移动终端设备、互联网技术及移动通信技术的移动交互服务。

交互一词主要用于互联网中，指的是程序间数据的交互和调用，通俗讲就是程序的运行并不是程序本身进行单方面的执行操作，而是在接收到编程人员相应的指令后作出反应并执行。在当前的移动互联网时代，最广泛的移动交互服务是移动通信服务与 Web3.0 应用相结合，甚至未来还会向 Web4.0 应用发展。移动图书馆如果融入移动交互服务功能，就能为用户进行更好地服务，例如，用户可以在线查看所读书籍的其他用户评价、笔记或者通过相关书籍在其他社交平台上的信息，同其他用户进行分享和交流。移动图书馆的移动交互服务可以增强用户之间的交流沟通，扩大用户群并增强用户的使用体验。

现在，越来越多的用户在社交网络平台上进行与图书有关的活动，比如撰写书评、分享书单、参加学术讨论、组建兴趣小组等，而这些活动在移动图书馆的不断发展中也能一一进行，其互动性和便捷性逐渐显露，被广大用户所接受和认可。随着移动图书馆涉及的互联网技术和移动通信技术越来越先进，未来的移动图书馆用户将会享有更多交互性的服务，如用户可以根据其他用户的推荐和评价对图书进行选择，或者向移动咨询系统咨询问题，又或者对其他用户的疑问进行回答和评价等。

基于交互性的移动图书馆服务，让更多的用户拥有了可参考的选择权利，使得学习和工作更加便捷，是未来发展趋势中非常重要的服务之一。

（四）个性化移动服务

移动图书馆将会朝着个性化的移动服务趋势发展。所谓个性化移动服务是指图书馆通过利用信息收集技术、信息过滤技术等多种技术为满足用户需求而提供的移动服务。个性化就是在大众的基础上增加独特、另类的特点，有着独具一格的安排。个性化移动服务的实质是根据不同用户的需求提供与之相符合的移动服务。

个性化移动服务的技术支持是用户信息收集技术、信息过滤技术以及基于规则的系统等。用户信息收集技术主要是收集用户的偏好信息，了解他们的需求，具体可以通过查询检索记录、掌握用户的年龄职业、总结用户读书类型等方式进行了解。个性化的移动服务使得移动图书馆较传统图书馆更加主动和积极，可以给用户带来更好的用户体验。信息过滤技术是建立在用户收集技术之上的，有了各种各样的信息，要想实现个性化就需要对信息进行整理和过滤，识别出对用户有用的信息。例如，将用户偏爱的内容推送给用户，提醒他们阅读和收藏，或者将图书期刊进行学科、年龄、类型等不同的类别分类整合，再结合RSS技术为用户提供聚合移动信息服务等。现在的移动图书馆大都具有用户个人的服务版块，这是个性化移动服务在移动图书馆中最大的体现。用户可以在这个版块中对自己曾经借阅的或正在借阅的书籍杂志等有一个详细的记录，并进行随时的查询。

移动图书馆的发展，一方面取决于移动互联网技术的发展，另一方面取决于用户的需求和行为特征。根据有关研究，用户在访问图书馆时，一般先进行关键词检索。如果搜索结果达到100条，那么用户查看详细摘要等信息的比例一般只有30%（30篇左右），而用户打开全文浏览的文献会缩减到10篇甚至更少，在简单快速浏览这10篇文献后，需要仔细精读的也许只有2～3篇了。移动图书馆的移动特性决定了用户将会很少采用精读的方式进行阅读，大部分会以速读为主。因此，移动图书馆的个性化特征也在一定程度上帮助用户节省了时间。

此外，移动图书馆的个性化还体现在其可以根据用户的背景资料、兴趣偏好构建用户模型，主动为用户提供各种个性化的信息，包括文字、图像、音频和视频等多媒体资源。未来的移动图书馆，会根据不同用户的特点和情境需求，提供情境感知的个性化服务。

（五）多元化移动服务

移动图书馆将会朝着多元化的移动服务趋势发展，这是实时性移动服务、定位性移动服务、交互性移动服务和个性化移动服务的有机结合，是未来移动服务总的发展方向。

图书馆的发展历程从传统图书馆发展到数字图书馆再到移动图书馆，这其中信息技术的发展起着关键性的作用，无论是数字化技术还是互联网技术，无论是移动通信技术还是移动终端设备，都促使图书馆朝着服务更加便捷、资源更加丰富、技术更加先进的方向发展。移动网络日益普及的背景下，移动图书馆也需要进行不断发展，从稚嫩的技术向成熟的技术发展，从单一的技术向多元的技术发展。

以上是从信息技术的角度对移动图书馆的发展进行的深刻剖析,从用户的角度来说,当前的移动通信环境使用户在需求上变得更加复杂和多变,移动图书馆要想真正满足用户的需求,就必须增强自己的服务功能和实用性,巩固自己的地位和价值。

因此,移动图书馆应始终以用户为中心,将实时性服务、定位性服务、交互性服务和个性化服务有效地结合起来,为用户提供全方位的多元化服务,并紧跟时代发展步伐,融入更多的创新思想,创造出更多的新型服务模式,更好地为用户服务。

第二节 高校移动图书馆建设的发展趋势

一、加强移动位置服务

智能手机已经成为人们生活中必不可少的设备,并且智能手机的性能和功能也越来越完善,基本上所有的智能手机都安装了 GPS 芯片,智能手机通过这个定位功能就可以在移动互联网上传输相关的数据信息。高校移动图书馆可以利用这一特性为教师或者学生提供良好的馆藏地图导航服务。这样一来,当教师或者学生进入图书馆之后,移动终端就可以通过移动位置服务来帮助他们找到自己想要的书籍或者文献。在实际的操作过程中,教师、学生使用移动终端来搜索图书,在结果中选择自己的目标图书,然后建立关联,就能够得到这一图书的位置信息,此时移动终端会提供行走路线,只要跟着行走路线就可以在最短的时间内找到相应的图书。

二、建设智能化的移动门户网站

目前,我国的信息技术、通信技术以及移动终端智能化水平还在持续进步,因此高校移动图书馆的信息服务在未来也将变得更为完善和智能,图书馆移动门户网站的范围也会越来越大。高校图书馆在未来会加强对移动图书馆的宣传,建设智能化移动门户网站,对各种图书馆信息资源进行深加工,用户可以凭借智能化移动设备更高效、更便捷地获得各种图书馆的信息服务。高校图书馆将会建立标准化的数据库,整合数字资源,向用户提供更可靠和更权威的信息导航,同时提供标准化的信息服务体系和检索平台;同时,还要建立交互式数字参考咨询服务机制,方便教师和学生使用移动图书馆平台。在建设门户网站的过程中要重视用户体验,最基本的原则就是要为用户快捷、方便提供图书馆的服务和资源。

三、建立移动图书馆联盟

在以后的发展中，高校移动图书馆会加强和其他图书馆的合作，因为每一个高校图书馆的藏书都是有限的，自身的文献信息或者图书资源不能满足所有教师或者学生的需求。因此，高校移动图书馆就可以在信息技术的帮助下建立图书馆联盟服务，实现资源共享和服务共享，建设服务平台，并建立新型的移动图书馆联盟服务模式。图书馆联盟中所有的学科专家以及馆员会向用户提供服务，还可以一起建设图书馆的学科知识库，这样就能够为用户提供更丰富的资源，同时提供深层次的学科服务。

第三节　移动互联网环境下高校图书馆服务创新——轻应用

一、轻应用

轻应用是一款基于超文本标记语言和 Web 系统的手机软件，不仅拥有类似于本地 App 的用户体验，还可以通过移动搜索智能分发。轻应用是基于超级 App 开发出来的，既有庞大的用户和流量，又有扎实的底层技术，其开发和平台覆盖成本也远低于超级 App，是一种具有多重优点的全功能 App。目前，轻应用有其专有的轻应用平台，可以根据使用场景向用户提供智能推荐和分发服务，让 App 在应用商店之外，拥有更多的曝光机会。

移动互联网环境下，轻应用有以下特征。

第一，无须下载。轻应用最大的特点就是即搜即用，轻应用的版本更新也是在开发者后端自动进行，用户不再为有限的手机储存空间而困扰。

第二，跨平台能力。轻应用依托于超级 App，在任何手机平台上，只要安装了相应的超级 App 就能访问所需的轻应用，轻应用可以轻松跨越多个手机平台。

第三，具有多种增强能力。轻应用不仅拥有电话拨打、语音输入输出、摄像头调节等本地资源，还可以添加到手机桌面，并同时具有收藏、订阅与分享等云端功能。

第四，轻应用平台大多拥有海量级的用户，能够帮助开发者解决轻应用分发的困难，为轻应用带来巨大的品牌曝光度。

轻应用是移动互联网环境下的一个新的生态模式，它与传统的 Native App 和 Web App 之间既有联系又有区别。Native App 是基于智能手机本地操作系统并使用原生程式编写运行的第三方应用程序，位于平台层上方，向下访问和兼容的能力较强。轻应用则是运行在 Native App 之上的应用，它是某个 Native App 生态中的一员。Web App 是运行在浏览器上的网站，是针对智能手机本地操作系统优化后的 Web 站点，其技术包括 HTML/HTML5、CSS3 以及 JavaScript。轻应用则是基于超级 App 提供的技术与支持基础上产生的 Web App，它是超级 App 的一部分，并且一般使用 HTML5 语言开发。

二、图书馆轻应用服务模式与功能

（一）图书馆轻应用服务模式分析

超级 App 的轻应用平台具有庞大的用户群体，先进的云计算、云存储能力，功能完备的开发框架，良好的用户界面和技术支持，它能够完美地将图书馆的服务与手机客户端相融合，具有跨平台和体积小的优点。在轻应用提供的移动信息服务的有利环境中，图书馆不仅能摆脱移动端开发的各种束缚，还可以开发超级 App 上的大量用户，为用户提供在移动终端即搜即用、碎片化的知识服务，将图书馆的服务随时推送至用户客户端，操作方便且快捷。图书馆还可利用轻应用平台提供的用户使用数据，进行个性化分析和处理，通过运用各种智能化技术建立全方位的知识服务体系，使图书馆从固定的物理环境移动至每一个用户的口袋中。

基于超级 App 的移动互联网服务，不是简单地将之前 WAP 版的移动图书馆作为一个连接项添加到轻应用服务平台上，而是利用轻应用平台提供的云端一体化技术并结合用户需求，使图书馆的服务延伸到用户的手机、平板电脑等各种终端上去。它利用云技术同步用户的信息，用户在任何终端上都能共享设置信息。超级 App 的轻应用平台通过移动终端的自身特点，使用 GPS、摄像头、麦克风实现图书馆与用户的联动，使用手机客户端的地址簿获得用户的真实身份和社会关系信息。超级 App 的轻应用平台通过云端一体化，使移动终端与 PC 终端数据同步，将轻应用的这些服务特点与图书馆的资源相整合，发挥图书馆自身的优势，开创出一系列以前无法实现的新服务。

（二）提供移动检索、移动阅读服务功能

基于图书馆的轻应用平台构建移动端全方位一站式资源检索引擎，将轻应用提供的各种智能识别技术与图书馆的数字资源进行有机匹配和组合，实现用户资源检索的快速性和准确性。图书馆通过整理用户相关的使用数据，分析用户的阅读习惯，向用户推荐相应的检索结果。图书馆实现以上功能的

关键在于使移动搜索与元数据整合，实现传统数字资源目录与移动端目录的高度统一。基于图书馆的轻应用平台结合移动终端与图书馆数字资源的优势，可以为用户提供无时间、地点、平台等因素阻碍的阅读服务。此外，用户还可以享受文本、音频、视频等多方式的阅读服务。图书馆实现移动阅读的关键在于将以往PC终端的内容加以转化以适应移动终端阅读特点，并且需要打通移动终端合法访问电子资源的渠道。

（三）自助服务与移动导航功能

借助轻应用平台实现用户的自助服务，将极大地拓展图书馆的服务时间与空间范围，用户可以在手机上实现图书的预约与续借、研讨室的预约、欠费的缴纳、资料的打印、问题的咨询等功能。当然通过轻应用的推送功能，图书馆也可以进行一些重要消息的推送提醒，让用户能够在第一时间掌握服务信息和图书信息，打破时间与空间的限制，实现自主服务的便捷性和智能性。

图书馆轻应用还具备移动导航功能。图书馆通过轻应用平台提供的定位技术可实现远程导航和精准定位，用户可以在手机上直接获取所需资料的楼层信息、场馆信息及书架信息。图书馆调用轻应用平台开放的 Labs 接口，在 GIS 的支持下，可为用户提供与地理位置信息相关的服务，用户只要进入图书馆，就可以收到自己周围的服务信息，包括相关服务的介绍、路线以及评价等信息，实现图书馆服务的智能化与人性化。

（四）个人移动空间与互动分享功能

建立在轻应用平台上的个人移动空间，利用轻应用平台提供的第三方登录技术，打通图书馆账号与轻应用平台账号，可使超级 App 身份认证与图书馆身份认证同步，如百度账号与图书馆账号的同步。解决了轻应用平台的身份认证问题，不仅可以使用户能在个人空间中查看借阅状态，如借书册数、欠费情况、借阅历史等信息，还可以调用轻应用平台的云存储接口。用户可以将关注的资料存放在云端，与电脑端同步，实现随时随地查阅与编辑个人资料。在云存储时代，分享也会变得非常高效与简单，用户之间相互分享知识也变得很容易。互动沟通是移动互联网的核心，超级 App 一般本身就具有强大的通信功能，不仅可以实现传统的文本通信，还可以通过语音与视频实现沟通。

三、图书馆轻应用的实践——微信小程序

（一）现状分析

目前，影响较大的轻应用平台包括百度轻应用、UC+轻应用、360轻应用、微信小程序等，其中微信小程序是近两年来轻应用发展的最高峰，2017年也被称为"微信小程序元年"。微信小程序与图书馆之间的渊源还要从微信公众号说起，2011年微信的推出吸引众多高校加入公众号的行列中，截至2019年3月，以"图书馆"为关键词在微信公众平台搜索，共发现公众账号197个，其中高校占1/3，这表明公众微信号是高校图书馆提供服务的重要渠道之一。而微信小程序的推出也大范围占领了高校图书馆市场，成为高校图书馆必备的应用之一。高校图书馆通过在微信小程序中进行官方认证，然后在自己的服务程序中推出相应的服务内容，如借阅预约图书功能、举办图书活动功能、推荐图书期刊功能、预约座位功能等。

（二）实施过程

下面以北京大学图书馆为例，介绍利用微信小程序快速实现图书馆服务轻应用化的过程。首先在微信公众平台注册一个新的小程序，下载相应的微信小程序开发者工具；其次进行小程序代码的编辑、小程序代码的调试以及小程序属性、配置的设置；最后将制作好的小程序进行打包和提交。审核通过后，小程序经过开发成为线上版本，表示轻应用的对接完成。对接完成后就可以在手机微信搜索栏中搜索"北京图书馆"的小程序并关注公众号进行订阅。以上步骤就是轻应用的开发实现过程。但是需要说明的是，这样的轻应用无法将图书馆现有的服务与轻应用相互融合，而使用微信小程序，可以直接将现有的电脑版网站转化为适合手机端访问的页面，为图书馆轻应用提供了丰富的内容，使图书馆的轻应用服务更加实用；通过微信小程序的即搜即用，只要在手机微信搜索框中输入"北京大学图书馆"就可以找到该图书馆的轻应用。

四、图书馆轻应用的启示

（一）高校图书馆需要加强对移动互联网开放平台的适应性

在移动互联网环境中，图书馆拥有丰富的数字资源和潜在服务对象，但不足之处是缺少技术支持和推广力度，图书馆和轻应用的结合可以发挥各自的长处，互相弥补不足，共同形成强大的移动图书馆服务体系。虽然轻应用

的出现可以为图书馆提供良好的服务渠道，但实际上，高校图书馆轻应用还拥有很大的进步空间，高校图书馆还需要加强对移动互联网开放平台的适应性。对于图书馆而言，它们的任务是做好自己的资源管理工作，保障服务内容；对于轻应用平台而言，它们的任务是保障先进的技术支持和充足的用户数量。因此，二者的结合有百利而无一害，高校图书馆应充分利用这一重要渠道将更多优质的服务带给学生，实现跨平台、跨地区、跨实践的服务。

（二）图书馆轻应用需要进一步完善用户体验

用户体验是检验每一个移动互联网开发者的关键因素，也是用户选择是否应用该产品的首要考虑因素。目前，以微信小程序为代表的图书馆轻应用还存在着服务种类不全面、关键词设置不规范、信息推送提示不及时等用户体验问题，因此，进一步完善用户体验是促进图书馆轻应用发展的重要内容。具体解决措施可以通过采纳高校各学生的体验建议进行轻应用的功能完善或聘请专业的研发人员对轻应用进行维护和修整等。

（三）建立成熟的图书馆轻应用行业模板

目前国内高校图书馆轻应用尚处于初级阶段，图书馆服务并未与轻应用进行完美的融合，图书馆轻应用行业模板还不成熟，需要建立成熟的图书馆轻应用行业模板，另外国内图书馆的技术力量依然薄弱，还没有出现调用语音、GPS、摄像头等终端资源为用户服务的轻应用，更没有调用云存储、LBS和云推送等功能为用户服务的轻应用。希望在今后的发展中能出现技术更加成熟、设计更加人性化的图书馆轻应用行业模板，在微信小程序、百度、UC+、360等轻应用平台发布，供其他图书馆参考。

第七章　高校图书馆资源建设与服务的管理

当下高校图书馆资源建设主要围绕"数字资源"这一主题，本章通过对国内外数字图书馆建设与服务各环节的侵权风险、版权管理实践案例进行分析与总结，在版权管理战略规划的重要性、版权战略规划的制定与实施、战略规划保障体系的建立、图书馆版权岗位管理、图书馆版权规章制度、利用法律法规与政策支持、获取著作权授权、应用版权管理技术及制定版权管理制度等方面提出了具体的操作建议，以期为图书馆数字资源版权管理工作的开展提供借鉴。

第一节　高校图书馆数字资源建设的管理

一、战略规划的重要性

提到图书馆数字资源建设不可回避的问题便是资源的版权问题，需要对此有战略化远见。

目前，迫于版权方面的压力，图书馆无论是在对数字资源开发利用，还是服务以及长期保存方面，都面临着严峻的挑战。也可以说，对图书馆的建设和服务产生制约的一个关键因素就是版权问题。图书馆若想在现代技术的环境下持续发展，必须要做的就是对图书馆的版权进行严格的管理，把版权侵权的风险降到最低，使信息和资源的开发利用率达到最高，最大限度地保障公众自由获取信息的权利。

版权管理的重要性，也被越来越多的图书馆意识到，这就使得版权管理被纳入图书馆整体发展战略规划当中。可以说，战略规划对于图书馆来说意义是非常重大的，图书馆未来的使命、目标、战略及实施计划的思维过程和框架，都是通过战略规划来决定的。除此以外，战略规划还可以起到对图书馆进行宣传的作用，而且还可以对图书馆应对变化、规范组织行为等方面起到一定的指导作用。

图书馆在对数字资源进行建设、存储、服务以及长期保存等过程中，难免会涉及版权问题，此时，为了提出相应的解决方案，所进行的战略指导和规划，即为图书馆数字资源版权管理战略规划。图书馆数字资源版权管理战略规划属于纲领性文件，主要作用就是指导图书馆对版权著作进行管理，使图书馆可以很好地实现目标，完成自己的使命。

有效解决版权问题的方法，就是图书馆数字资源版权管理战略规划的制定，该策略性方法的意义和价值主要体现在以下三方面。

（一）解决版权问题的重要保障

在国家文化发展的过程中，图书馆扮演着相当重要的角色，它不仅使社会公众知识的获取得到了保障，还使社会公众享受到了获得普遍、均等信息服务的权利。

不论是图书馆的建设还是数字图书馆的建设，都应该注重对版权保护和合理利用之间关系的处理。现存的法律条款对于图书馆合理使用与法定许可的规定是比较有限的，公众对于知识的需求无法很好地得到满足，这就突出了制定相关版权战略、提升版权管理战略地位的重要性，只有这样才能使相关的版权问题得到合理、有序的解决。

（二）对版权和知识产权进行梳理

图书数字资源版权管理战略规划的制定，是梳理版权及其相关知识产权问题的良机。在图书馆资源建设和服务的过程中，加强图书馆各部门的参与力度，也可以有效地避免对他人相关权利的侵犯，同时也可以对图书馆原有的知识产权资源更好地保护。

（三）有利于人们认识和理解版权

图书资源版权管理战略规划的制定，可以使员工和用户对版权有进一步的认识和理解。此外，在对版权战略进行宣传和实施的过程中，还可以使员工对版权制度有更深一步的认识，让用户接受相关知识的教育，也能使图书馆有效规避侵权风险。

二、战略规划的制定程序

（一）版权管理战略目标的确定

对图书馆所处的战略环境进行分析，是明确战略目标、设计实施方案的前期基础与必要依据。

对图书馆所处的政治、经济、文化、技术等宏观环境进行分析，深入了解这些领域目前的情况以及今后的发展态势。目前图书馆界所面临的整体宏观环境主要包括以下几点：

①随着技术的不断变化，信息资源的分发与传递也在迅速地改变；

②用户期望可以无障碍地链接网上的全文，并且希望可以有权利在自己的工作场所重新使用资源；

③为了将日益改变的需求很好地反映出来，馆藏发展政策将会得到不断的完善。

分析、预测、评估图书馆的内部环境。若想对图书馆的内部环境进行评估，以下因素是必须要提前进行了解的：

①对主管部门及相关部门的支持力度进行深入了解；

②对馆员的态度进行了解；

③图书馆拥有的资源以及经费。

通过方法评估并对本馆的优势、劣势、机遇与挑战进行分析，以作为制定战略计划的参考。例如，图书馆描述图书馆版权管理所面临的挑战时提道："为满足用户日益增长的资源需求，图书馆与商业机构都在大规模地开展文献数字化工作。这方面主要受到经费和版权的限制。版权的挑战来自很难确认每一个作品的法定版权持有人"。针对这一挑战，荷兰国家图书馆在战略规划中的解决方案是与出版商协会签署版权协定。

对图书馆的性质，重点服务的对象、内容和范围以及所承担的社会责任、形象和使命做进一步的明确。例如，由图书馆行业协会所宣传和推广的版权战略规划内容主要包括以下两点：

①对公平获取信息、思想和想象的观点进行传播；

②使创作者的权利与用户的需求达到平衡。

美国图书馆协会对于教育知识自由、隐私、合理使用、文化遗产长期保存、素养、公平获取、政府信息、永久免费、公共获取等图书馆的关键问题做了大力的宣传。作为高校图书馆，其主要服务是为科研提供支持，因此哥伦比亚大学图书馆建立了版权咨询办公室，以此解决好版权法与大学中的研究、教学、服务活动之间的关系。

（二）制定版权管理战略目标和实施方案

战略目标的制定原则主要有三个：系统、平衡、权变。在制定战略目标的过程中，要保证战略目标的清楚明确和合理可行。数字资源建设与服务和版权管理的战略目标是相互关联的，量化、具体目标的设定都可以根据这些指标来完成，这也使得战略规划更具可衡量性和执行性。

战略目标实现的基础就是版权管理战略方案的实施，针对战略目标，图书馆要根据自身的实际情况，制定出合理的行动方案。

实施版权管理战略有很多种方案和策略，如对共有领域的资源进行开发、对法律法规中的合理使用和法定许可条款进行充分利用、对自有知识产权进行保护等。

在制订实施方案的过程中，要确保方案具有针对性、科学性、客观性、可行性，可以切实地对图书馆战略规划的实施过程进行指导。

在对战略实施方案进行确定的过程中，要将图书馆环境因素的变化以及影响程度全都考虑进去，只有这样才能将方案的指导作用发挥到最大。

除此以外，还要采用一定的战略和战术，不断地分析各个阶段有可能会遇到的风险和变数，同时还应制定出合理的应对措施。

（三）版权管理战略规划文本的编制

上述过程完成以后，要将得到的成果进行细化，并归到版权管理战略规划的文本中。战略规划文本根据国家和图书馆类型的不同也是有所区别的，但有一些比较核心的基本要素以及内容框架是可以被大多数图书馆采用的。

国外一些图书馆所编制的规划文本，不论是从体例结构还是撰写格式上，都非常规范化和标准化，文本的结构更加充实、合理，内容也不断地丰富和完善，可操作性极强。所以在编制战略规划文本的过程中，我们可以适当进行借鉴。

三、战略规划保障体系的建立

战略规划的有效应用与实施需要建立可靠的保障体系，根据图书馆的运行特点，涉及制度建设、经费安排与岗位设置、宣传推广和培训等方面。

（一）版权管理岗位和经费的设置

对于数字图书馆的建设与服务，过程中所涉及的版权管理往往具有很强的实践性，所以必须要安排专门的人员。此外，还要将版权所需要的成本全都纳入经费的预算当中，这样可以使版权的管理更加有效，也可以起到很好的规避风险的作用。

国外的一些图书馆为了更好地对知识产权的一系列事务进行管理，还专门设置了相应的岗位——版权图书馆员，该岗位的工作人员必须要对版权政策非常熟悉，这样才能达到向用户提供各种版权咨询的目的，还可以指导用户利用知识产权实现对资源的充分利用。

（二）相关版权政策的制定和完善

图书馆的相关业务工作，可以通过系统的版权政策来进行指导，同时，系统的版权政策还可以有效地规避侵权风险。通过对版权法中法定许可条款以及图书馆条款的合理运用，一些图书馆已经开始发展起属于自己的版权政策。

为了对版权战略规划的实施给予大力的支持，需要对图书馆相应的版权政策进行制定和完善，其中包括以下两点：

①制定针对图书馆各项业务的版权规章制度；

②制定面向用户的版权政策。

除此以外，还要根据所修订的国际版权条约以及本国变化的法律法规和政策等，对版权政策进行不断地调整和完善。

（三）对相关人员进行版权培训和教育

在版权管理战略规划制定完成后，图书馆接下来要做的就是将规划战略目标以及具体的实施策略介绍给员工，鼓励员工参与到版权管理活动中来，并严格执行每一环节的战略规划。

对于版权的保护教育工作，图书馆可以通过相关讲座和培训等形式来进行不不断地加强，使图书馆各部门员工的版权保护意识得到进一步的提升，此外，还要为员工详细讲解各业务环节版权保护的注意事项，以达到减少侵权行为发生的目的。只有这样才能顺利实施图书馆版权管理战略规划，才能使版权管理工作顺利开展。

除了对图书馆员工进行培训以外，还应该对用户进行版权教育，编制相应的用户版权指南，指导用户合理的对图书馆进行利用，并且对用户使用过程中可能会涉及的版权问题进行提醒。以书面或口头的方式告诉读者尊重版权是他们应尽的义务。同时，还可以采取版权声明、免责声明等方式，提醒用户对数字化资源进行合法的利用。另外，根据版权法的规定，在摘录和引用文献内容时，要标明作者和出处。

四、图书馆版权管理岗位

图书馆数字资源版权管理的规划、实施、反馈是一个长期的过程，版权图书馆员有助于在数字资源生命周期的各个环节，对所有的版权业务进行统一的协调与处理。设立版权管理岗位，需确定岗位职责、明确岗位要求，以便更有效地发挥作用。

（一）确定岗位职责

纵览各图书馆版权管理岗位的设置，因图书馆的性质、规模、服务对象业务范围不同，版权管理岗位的具体职责也存在差异。总的来说，图书馆版权管理岗位的职责是在保护著作权人利益的同时，推动信息、资源的开发与利用，推动图书馆数字资源的建设与服务。具体而言，图书馆管理岗位包括如下职责：

①协助图书管理人员制定相关的版权管理规划和制度，为今后数字资源的开发提供版权支持；

②对公有领域的资源进行区分，同时还要对与版权有关的法律法规进行全面的梳理；

③对于法定许可的条款，协助图书馆进行合理的使用，确保图书馆能够最大限度地利用著作权法，赋予自身合法权利进行数字资源的建设与服务，通过多种途径获得版权许可与授权使用，参与相关合同的制订与谈判，授权数字资源，更好地服务用户。

对数字资源建设与服务的各个环节做好风险预警，避免出现版权纠纷。具体包括以下几点：

①负责提供与版权相关的参考咨询、培训和建议；

②负责对相关法律法规，以及图书馆自己制定的一些版权政策进行解释，并提供咨询服务，同时还负责对版权、授权、权限等方面的问题进行解答；

③对图书馆工作人员进行培训，让他们接触一些关于版权的案例和做法，将版权权限以及合理使用方式等信息传达给他们，保证所签署的许可协议的内容符合国家相关法律法规，并且清楚地传达给图书馆工作人员；

④提供所有与作者协议、合理使用、共享等方面的建议。

（二）明确岗位要求

图书馆在设置版权管理岗位时，参考国外图书馆的岗位要求，结合我国法律环境与图书馆业务实际需求，聘用符合岗位素养要求的人员。针对图书馆版权管理岗位的职责需求和图书馆员的任职条件，图书馆版权管理岗位需要如下几方面的知识与技能：

①了解《世界版权公约》等法律与条约；

②了解图书馆协会或其他图书馆协会有关图书馆可适用的著作权例外的声明性文件、原则或指南；

③熟练掌握知识产权相关法律法规知识；

④了解图书馆资源与服务，熟悉图书馆资源建设信息业务和数字资源管理等方面的专业知识；

⑤了解版权情况和版权交易的惯例与规则；

⑥具备优秀的能力，以利于在版权协议的签署过程中为图书馆争取到最大利益；

⑦具备良好的沟通能力与表达能力，能完成图书馆版权相关的咨询、培训、宣传等工作。

五、图书馆版权规章制度

（一）了解版权制度的重要性

版权规章制度也称为版权政策、版权业务规范等，是图书馆进行科学有效管理的重要手段，主要包括以下几方面：

①对于版权问题来说，主要包括一些版权政策、版权业务细则以及版权管理条例等；

②对于图书馆的工作人员来说，主要包括一些规章制度；

③对于图书馆的用户来说，主要包括读者须知、用户指南等规章制度。

版权规章制度通过对工作人员的行为加以规范，引导工作人员在业务工作的各个流程切实处理好版权问题，可以使图书馆对文献资源的版权管理水平得到很大的提高，从而减小侵权风险。

图书馆应设立相应的规章制度，对用户的行为进行规范和约束，使用户意识到版权保护的重要性，对用户的权利和义务做出进一步的明确。与此同时，图书馆也应尽到其对用户提醒的义务，最大限度地减少用户在利用图书馆资源时的侵权行为。版权规章制度应满足以下两个要求。

1. 遵守

在复制版权保护期内资料时，对图书馆工作人员和用户的管理要始终一致，这样就可以有效避免侵权行为的发生。除此以外，还要严格遵守国家颁布的版权法以及本馆电子资源的许可协议。

2. 指引

对于与版权相关的一些图书馆服务与资源利用，以及一些版权方面的知识，都需要详细教给图书馆的工作人员和用户。

（二）调研需求

需求调研可以在包括但不限于如下范围进行：

①图书馆工作人员，尤其是提供复印、虚拟参考咨询，以及电子阅览室（或数字共享空间）的一线工作人员；

②数据库采购人员；

③处理数字资源建设与服务相关业务的工作人员；

④学术、科研人员等。

（三）梳理业务与评估版权风险

针对图书馆提供或计划提供的业务活动进行全面的梳理，对其已经存在的侵权责任或者潜在的侵权风险实施评估。例如，以下业务活动就很有可能会涉及侵权：

①复制活动，主要包括用户自己或者图书馆工作人员帮助复制等，需要注意的是，影印、打印、扫描、下载等都属于复制；

②数字资源建设，如数字资源采购、馆藏资源数字化或格式转换、网络资源采集、网络资源导航等；

③数字资源服务，如数字资源发布服务、虚拟参考服务、数字资源原文传递服务、在线展览或在线讲座服务、网站转载网络信息资源、数字资源共享服务等。

图书馆要明确这些业务活动是否遵守了国家颁布的版权法以及本馆电子资源的许可协议。分辨在业务处理过程中潜在的侵权行为，针对各项业务的各种行为提出风险规避方案。

风险评估应有图书馆的法律顾问或版权馆员参与。

（四）制定版权规章制度

图书馆电子信息联盟为图书馆制定版权规章制度编制了指南，主要目的就是在制定图书馆版权规章制度时，将需要特别注意的问题重点凸显出来，同时也包括该规章制度的起草问题和应包含的要素等。指南指出，版权规章制度的作用应该包括以下几点：

①在版权法规定下，对图书馆工作人员与用户的权利和义务的明确起到帮助的作用，同时还可以确保符合法律规定；

②为图书馆工作人员可以在版权许可、授权和数字化等问题的决策过程中提供足够的信息，来帮助他们做出正确的选择，同时也为版权方面问题的解决提供了准确的信息。

在图书馆版权规章制度制定完成后，还应定期检查与更新，根据图书馆的信息环境所产生的变化及时地做出调整。特别是当国家立法、图书馆数字资源的协议、工作人员和信息资源的使用发生改变或者引进新服务时，需要对已有的版权规章制度进行修订。

六、利用法律法规与政策支持

（一）公有领域资源

1. 公有领域的内涵

在知识产权法中，被广泛使用的一个概念就是"公有领域"，是调整和鼓励创造、使用智力成果而产生的。依据著作权法，对于一些未处于著作权保护期间的作品，在法律上，该作品的状态即属于公有领域。一般情况下，包括以下几方面。

（1）超出权利保护期的作品

根据《中华人民共和国著作权法》（以下简称《著作权法》）的相关规定，对于那些已经超出权利保护期的作品，除了一些精神权利可以继续受永久保护以外，任何个人和组织都可以在未经权利人允许的情况下，对作品进行免费利用。其中，精神权利主要包括作者的署名权、修改权、保护作品完整权等。自然人作品是在作者死后五十年后进入公有领域，团体作品是在发表五十年后进入公有领域，进入公有领域之后任何人都可以不受限制地利用这些作品。

（2）版权法不予保护的作品

从平衡创作者利益和社会促进知识发展的公共利益的角度出发，在著作权法中设定公有领域，既规定赋予作者在一定期限内享有专有权利，又规定超过了一定保护期限后，有关作品就会进入公有领域，成为人人可以利用的资源。

所以，公有领域的最终目的是既鼓励作者创作出更多新的作品，又使更多的人能够利用前人的智慧创造出更加有价值的作品，促进知识的传播和发展。

2. 了解甄别公有领域作品的意义

（1）明确法律规定的抽象性

法律规定具有一定的抽象性，实践过程中通常需要进一步细化明确。《著作权法》中对著作权中的发表权和财产权的保护期做了明确的规定，即作者的一生及其死后的五十年，权利的保护期很明确。但事实上，除了那些创作出权威著作的名人作家的作品可以进行考证以外，那些并不出名的作者的作品一般都是很难考证的，有的甚至连作者的真名都无从知晓，这就使得著作权保护期限无法考证，因此就无法判断作品何时进入公有领域。

（2）了解著作方式的复杂性

中文图书有很多种著作方式，相应地，责任方式也有很多种，这就使得很难对著作权的归属进行确定，仅凭著作上的署名以及著作方式，并不能作为著作权归属的依据，同时也无法确定署名作者是否是作品的权利人。

（3）利用作品的合法性

除了一些已经被列入公有领域的古籍，那些未被列入公有领域的近现代作品，在未经权利人允许的情况下，图书馆是不可以擅自利用的，如若擅自利用，则会承担相应的侵权责任。所以，甄别作品是否进入公有领域可以将作品的版权状态明确化，也可以使图书馆利用作品合法化。

3. 明确公有领域的甄别方法

（1）著作权人的确定

依据《著作权法》，著作权属于作者。其中，作者的确定方式主要有以下三种：

①创作作品的公民，即作者；

②主持、创作、并且可以承担相应责任的法人或其他组织，可视为作者；

③在作品上署名的公民、法人、其他组织，且无相反证明的，可视为作者。

因此，图书馆在确定著作权人时，可以明确的是，在作品的书名页和版权页上署名的公民、法人或者其他组织就是作者，著作权属于作者。

根据规定，如果作者的身份无法明确，则由作品原件的所有人——图书馆，来行使著作权，署名权除外。直到作者的身份被确定之后，再将著作权交给作者或者其继承人。

（2）个人作者生卒年的确定

判断作品是否可以进入公有领域的核心方法，就是对作者的生卒年，尤其是卒年的确定。相对来说，一些名气比较大的作者，生卒年比较容易确定，但是对于那些没有名气的作者来说，确定生卒年就相对困难，只能根据该作者作品中所研究的领域，或作者的家谱、籍贯等去寻找，并且，在寻找的过程中还必须要对同名作者、同一作者的不同笔名以及佚名作者的真实姓名等进行辨别。

（3）作品发表时间的确定

根据我国《著作权法》的规定，法人或其他组织的权利保护期为首次发表后的五十年，如果作品完成后的五十年之内并没有发表，则该作品将不会得到著作权法的保护。所以，判断团体作品是否进入公有领域的一个关键因素就是作品的发表时间。此外判断作品是否仍处于版权保护期，通常以版权页或书名页上的出版时间为准。

（4）著作方式内涵的确定

作者在创作一部作品时所进行的创造性劳动，可以通过著作方式体现出来。倘若作品只有单一的著作方式，则通常只需要考证该著作方式的所有作者的生卒年，或团体作品的发表时间即可。如果作品有多个不同的著作方式，则往往不属于合著，其著作权并不属于所有署名作者。

（5）版式权保护期的确定

根据《著作权法》的相关规定，禁止他人对出版的图书以及期刊的版式设计进行使用，是出版者特有的权利，该权利的保护期为十年。

所以，对于图书和期刊，除了需要考虑作品的权利保护期，还需要考虑出版者版式设计权的权利保护期。满足前者条件，即可以不加限制地使用作品内容；满足后者条件，即可以不加限制地利用作品的形式。

4. 充分利用公有领域作品

目前，充分利用不受版权限制的公有领域资源日益引起各国图书馆界的重视。各国图书馆都在公共领域资源的版权甄别与利用推广方面陆续开展了实践性项目。各国图书馆的公有领域研究情况主要涉及音视频资源、孤儿作品、文献数字化、政府信息、其他公共领域资源的提供及利用、开放获取、图书馆的作用解读、数字资源保存等多个方面。

开发利用公有领域作品，可以使著作权的价值真正地体现出来，使著作权人和利用者的权益达到平衡。将近现代作品的版权状态明确化，通过先进的技术手段，向广大利用者提供这些毫无利用风险的公有领域作品，可以为更多的新作品提供形式和内容方面的借鉴。

（二）利用合理使用制度

1. 我国可适用于图书馆的合理使用规定

《著作权法》的目的主要有两个：
①对著作权人的权利进行保护；
②鼓励作品的传播。

因此，在保护著作权人权利的同时，也给予公众和图书馆、档案馆等公益机构一定的合理使用权利，图书馆在对版权保护期内文献资源进行数字化及提供使用的过程中，可以充分利用这些合理使用条款的规定。

2. 严格遵守合理使用的限制条件

未发表但受版权保护的作品，除法律或合同另有规定的外，图书馆不得出于研究或学习的目的为用户提供复制件（或将其数字化）。在数量限定上，我国没有作出量化规定，只是宽泛地限定为"少量"。

一般来说，应当谨慎提供整部作品的复印件（或将其数字化）。相关规定指出，合理使用严格限定了只能以盲人能够感知的独特方式提供，所以该独特方式应该仅限于盲人能够感知，如果同样适用于正常人，将被排除在合理使用的范围外；对于所提供的形式也作出了限定，规定所提供的形式只能为"文字作品"和"他人表演、录音录像制品"，其他类型的作品不包含在合理使用范围内；向盲人提供服务要确保"不以营利为目的"。另外，利用合理使用条款进行数字资源建设与服务时，要确保不会影响该作品的正常使用，也不可以使著作权人的合法利益受到不合理的损害。

3. 必须指明作者姓名

根据《著作权法》的相关规定，作品名称署名权是著作权人的精神权利，该权利是不受保护期限制的。因此，在对馆藏文献数字化或提供局域网使用、向少数民族或盲人提供数字资源等合理使用的过程中，应当指明作者姓名、作品名称。

4. 不得修改作品权利管理信息

权利管理信息是行使版权的手段，对于强化网上信息的知识产权保护，维护网络的健康发展具有重要意义。许多国际公约及信息化程度较高的国家，都对权利管理信息给予了保护。

依据《著作权法》的相关规定，在未得到著作权人或与著作权有关权利人允许的情况下，如果对文字作品、录音录像制品进行故意的删除或者改变，应承担侵权责任。因此，在利用合理使用条款进行数字资源建设与服务过程中，不能删除或者修改原作品上的权利管理信息。

5. 防止资源非法传播

技术保护措施，是指版权人和相关权利人为了有效控制、防范或者防止他人非经授权访问接触作品，或以复制、发行、传播、修改的方式使用其作品而采取的技术上的保护措施。

图书馆在向用户提供信息服务的时候,还应采取相应的技术保护措施,防止外部其他不相关的人获得著作权人的作品,同时还要防止图书馆内工作人员的复制行为,对著作权人利益造成的实质性损害。

在馆舍内向盲人提供数字资源服务时,图书馆需要保证不以营利为目的,只向盲人提供数字化的资源供他们听或触摸式阅读,如果在网络上向用户提供数字资源服务,需要利用必要技术手段。这些必要技术手段包括:研发人登录系统,严格限制使用者身份,保护著作者的权益,避免版权纠纷;同时使用相关技术对数字资源进行保护,严格控制超出服务对象之外的传播。

(三)利用法定许可制度

1. 我国可适用于图书馆的法定许可规定

法定许可与合理使用的区别主要在于法定许可需支付报酬,而合理使用不需支付报酬。依据《著作权法》的规定,法定许可包括以下四种情况:第一,期刊转载;第二,文艺团体表演;第三,录音唱片制作录音制品;第四,电台和电视台使用他人已发表的作品制作广播和电视节目。当然,对于一些被著作权人特别声明的作品,是一定不允许使用的,如果加以使用,则构成侵权。

法定使用作品必须具备以下条件:
①必须是已经发表的作品;
②使用者应向著作权人支付报酬;
③著作权人未发表不得使用的声明;
④网络服务提供者,应该在提供作品之前,对拟提供的作品和作者进行公告,同时还应公示拟支付报酬的标准。

从公告之日算起的30天内,如果著作权人并不同意提供其作品,则网络服务提供者将无权对其作品进行提供;如果已满30天,著作权人并没有表示出任何的异议,则网络服务提供者需按公告的标准,对著作权人支付相应的报酬,之后方可允许提供其作品。如果作品提供一段时间以后,著作权人又不同意网络服务提供者对其作品进行提供,则网络服务者应该立即删除作品,并按照公告标准向著作权人支付提供其作品期间的报酬。依照前款规定提供作品的,不得直接或者间接获得经济利益。

2. 严格遵守法定许可条款的使用要求

与城市地区不同,由于受到一些条件的限制,农村地区的公众所能够接触到的文化资源有限。为了使这一状况得到改善，国家在制定法律法规时，对文化扶贫工作的重要性做了充分的考虑，规定了通过信息网络向农村地区的公众提供作品的情形，对广大农村地区给予了特定的政策支持，使这些农村地区获得了公益性文化传播机构著作权例外的待遇。

图书馆在使用这一规定提供数字资源时，需注意以下问题：

①所提供的资源必须以扶助贫困为目的，且不得直接或者间接获得经济利益；

②图书馆不得提供著作权人事先声明不许提供的作品；

③图书馆应当在提供资源之前公告拟提供的作品及其作者、拟支付报酬的标准；

④图书馆在提供资源时，应指明作品的名称和作者的姓名（名称），同时，著作权人其他依法享有的权利也不可以侵犯；

⑤图书馆在提供资源时，需要采取相应的技术措施，防止除农村地区公众以外的其他人获得著作权人的作品。

（四）利用其他法律法规与政策支持

1. 我国适用于图书馆的其他法律法规与政策支持

《著作权法》规定了图书馆在数字资源建设与服务中适用的其他支持，此外，《中华人民共和国政府信息公开条例》（以下简称《政府信息公开条例》）也对图书馆提供政府信息的服务给予了政策支持。

2. 使用作者身份不明的作品

我国著作权法律法规尚未对孤儿作品的使用作出明确规定，仅在《中华人民共和国著作权法实施条例》（以下简称《著作权法实施条例》）中有针对作者身份不明的作品如何行使著作权的条款。作者身份不明的作品是指无法确定作者的作品。根据著作权法的规定，如没有相反证明，作品上署名的公民、法人或者其他组织则为作者。

但是，在实践中，某些作品没有署名，这就难以确定该作品的作者，也就是无法确定的著作权人，为了便于对这类作品行使著作权，《著作权法实施条例》中做了明确规定：对于无法确定作者身份的作品，则作品原件的所有人可以行使出署名权以外的著作权；等到作品的作者身份明确以后，则著作权应该由作者或其继承人来行使，图书馆如果拥有作者身份不明作品的原件，可利用此条款开发和利用该作品。需注意以下问题。

（1）确定作者身份不明

经过合理、谨慎的查询以后仍无法判断作者身份。

（2）确定拥有作品原件

作品的原件是指手稿、书信字画、照片等作品最初产生的复制件的原始文件。图书馆要利用上述条款规定行使作品著作权，必须拥有作品的原件。

（3）保护作品署名权

尽管作品上可能没有署名，图书馆仍要保护作者的署名权，不得使用其他公民或法人名称署名。一旦确定作者身份，图书馆应停止开发与利用该作品，在法律允许的前提下（如已进入公有领域）或征得作者或其继承人同意后才可以进行使用。

3. 提供政府公开信息

《政府信息公开条例》赋予了公共图书馆提供政府公开信息的权利，公共图书馆可不经过许可提供，且无须支付报酬。图书馆在提供此类信息服务时需注意以下问题：

①可提供的信息属于行政机关；

②法律法规授权的具有管理公共事务职能的组织所产生的公开信息。

行政机关、公共事务管理部门网站发布的信息，不属于政府公开信息范围的，图书馆如果进行采集、转载等操作，需取得著作权人的许可。

七、获取著作权授权

（一）著作权人授权机制

根据著作权法律法规中的"先授权后传播"原则，除一些特殊情况以外，图书馆只有在得到著作权人的授权之后，才可以对依然处在版权保护期的作品数字化和提供使用。

以下两种方式可以用于获得著作权人的授权：

①与著作权人签订许可使用合同，获得作品的使用权，包括复制权（包括但不限于数字化形式的复制、加工和整合等）、展览权、放映权、传播权、信息网络传播权等的使用权；

②与著作权人签订著作权权利转让合同，获得作品，除精神性权利（包括署名权、发表权、修改权和保护作品完整权）以外的部分或全部著作财产权，包括但不限于数字化方式的复制权、信息网络传播权等。

图书馆在通过著作权人获得授权过程中应注意下列事项。

1. 确定著作权归属

图书馆获得著作权人的授权需要与其签订许可使用合同或著作权转让合同，因此需要确定著作权的归属，从享有权利的公民、法人或其他组织处获取授权。根据《著作权法》中的相关规定，除了《著作权法》中另有规定外，著作权始终是属于作者的。除上述一般情况外，《著作权法》对特殊作品的著作权归属还有特殊的规定。

2. 审查著作权人是否具备授权资格

首先，要审核著作权人是否具备相应的主体资格：

①转让方是自然人的应具备相应的民事行为能力和民事责任能力；

②转让方是法人或其他组织的，应是依法成立、合法存续、具备持续经营能力的实体。

其次，要审核著作权人是否有权自由地转让该著作权或许可授权。例如，职务作品完成两年内，未经单位同意，作者不得许可第三人以与单位使用的相同方式使用该作品，在这种情况下作者无权单独自由地许可图书馆使用作品。如果著作权人将其著作权中的财产权出质，将该财产权作为债权的担保，即进行了著作权质押，那么著作权人不得擅自转让或许可他人使用已出质的著作权中的财产权，除非出质人已征得质权人同意。如果著作权人已排他授权第三方使用，如将信息网络传播权等独家授权给出版社，则在排他授权期限内著作权人无权将该作品授权图书馆使用。

3. 签订著作权许可使用或转让合同

图书馆使用他人作品无论是有偿获得授权还是接受著作权捐赠，都必须要与著作权人签订许可使用合同，在对作品进行使用时，一定要严格按照合同上的相关约定。许可使用合同中应当包括以下几方面内容：

①许可使用的权利种类，为满足图书馆将作品的数字化与提供服务等需求，至少应包括复制权与信息网络传播权等；

②使用的权利是专有使用权或者非专有使用权，一般而言，图书馆的使用作品权限要求非专有使用权即可；

③许可使用的地域范围、期限，如局域网、互联网或认证用户使用，是否能与其他机构共享，是永久授权还是有使用期限；

④向著作权人支付报酬的标准和方法；

⑤如果发生违约的情况，双方应该承担的责任；

⑥双方认为需要约定的其他内容。

著作权人将著作财产权转让给图书馆时，图书馆也应当与其订立书面合同，严格按照合同约定使用作品。权利转让合同中应主要包括以下内容：

①作品的名称；

②转让的权利种类以及地域范围；

③转让价金以及交付的日期和方式；

④如果有违约的情况发生，双方应负的责任；

⑤双方认为要约定的其他内容。

（二）出版商授权机制

图书馆如想要将在版权保护期内的图书、期刊、音视频资源数字化后通过网络进行公益性使用，除了通过著作权人、著作权集体管理组织等方式获取授权以外，还可以与图书、期刊、音视频等资源的出版社进行沟通，出版社就资源的复制权、信息网络传播权、图书版式权等相关权利签订授权协议，在取得出版社的合法授权后，才能在网站上发布使用，否则就属于侵权，且不能用"合理使用"或"没有营利"等理由加以规避侵权责任。在通过出版社获取授权时应注意如下问题。

1. 审查出版社拥有的权利

通过出版社获取授权时，应确定资源的复制权、信息网络传播权等权利是否在原著作权人与出版社签订的出版合同中有明确约定。如果是音视频资源，审查出版合同时，要明确对于表演者权利、录音录像制作者权利等相关权利的具体约定，明确出版社是否有权转授，及出版合同是否已经到期等情况。

如果图书馆所需要的相关权利由作者持有，或出版社不具有转授权，则需要联系作者取得授权。必要时，要求出版社提供出版合同或相关权利、部分条款的原件或复印件等相关证明性文件以供判断。

2. 取得授权

在合法获取文献复制权、信息网络传播权等权利授权的同时，图书馆如果要将文献原版原貌发布在网站供读者使用，该图书或期刊的出版时间还没有超过一年，则应获得出版社的版式设计权授权。

3. 约定版权无瑕疵承诺

协议中对授权方的权利及转授权、授权期限等要有明确约定。要保证授权者是真正的权利所有者，保证所提供授权的作品著作权为合法来源，没有侵害他人著作权和其他权利，且所拥有的相关权利无任何版权瑕疵，明确因版权瑕疵所导致的所有法律责任由承诺方即授权方承担。对于版权无瑕疵的承诺条款可以最大化降低图书馆的侵权风险，在一定程度上有效防止合同方侵权而导致图书馆承担授权连带责任。

八、应用版权管理技术

（一）版权信息管理技术

数字版权问题贯穿数字图书馆建设和利用的全过程，在图书馆大力发展数字资源采集、加工、组织、保存、发布与服务等信息技术的同时，如何有效管理馆藏资源的数字版权及其授权成为图书馆必须解决的问题。管理系统是数字图书馆技术发展的重要内容，也是整个数字图书馆运行的法律支持和核心基础构件，在推动图书馆尊重、保护和利用版权方面具有重要意义。

1. 选择适用的系统建设方式

版权信息管理系统的开发与建设是一项复杂的系统工程，一般情况下，图书馆主要通过三种方式建设版权信息管理系统。

（1）图书馆自主研发

图书馆组织力量自主开发版权信息管理系统，从本馆的实际需求出发，系统功能的针对性和实用性更强，但这也要求图书馆具备相应的开发能力，包括具备较好的人员与技术基础、软硬件条件和经费支持等，并对从系统需求设计、开发、测试到正式部署应用需要较长的时间周期有充足的考虑。

（2）复用其他图书馆的版权信息管理系统

尽管大多数图书馆对版权信息管理系统具有强烈的实践需求，但部分图书馆不具备自主开发的条件，特别是对于一些中小型图书馆而言，它们没有能力承担系统开发和建设所需要的人力、物力和财力投入。

在信息技术标准化的背景下，通过协商和沟通，复用其他图书馆已经完成建设的版权信息管理系统是图书馆有益的选择之一。采用这种方式建设版权信息管理系统，不但能够避免重复开发带来的浪费，而且可操作性也较强。

（3）采购商业化的版权管理系统

目前市场上存在多种信息管理解决方案，其中不乏专门的版权信息管理系统，通过采购引进商业化管理系统也是图书馆的选择之一。采用这种方式建设版权信息管理系统，要求图书馆必须加强对商业化版权管理系统的调研和分析，充分考虑满足本馆需求的情况和信息安全问题，并考虑系统的适用性改造。

2. 设定版权信息管理系统的目标与定位

图书馆馆藏资源类型多样，纸质资源、数字资源等不同类型的资源管理系统可能同时并列存在，而多种类型馆藏之间可能存在密切的关联关系，例如，对于同一种图书，图书馆既采购了纸本图书也采购了相应的电子图书，并分别在本馆纸本图书管理系统和数字资源管理系统中登记馆藏信息。在这种情况下，图书馆的版权信息管理可能通过两种方式实现：

①在原有的馆藏管理系统中增加版权信息管理模块，记录授权信息及使用情况；

②设计独立的应用系统，以版权信息为主线，集中管理和利用分散分布的馆藏资源，综合考虑版权信息管理的特性、图书馆现有馆藏管理的改造难度以及图书馆综合管理的需求。

版权信息管理系统的主要目标是建设版权信息库，实现馆藏信息、授权信息、合同信息三位一体的登记与管理，并提供版权相关信息的查询、检索和统计服务，建立各种资源之间的版权关联关系，以及版权与馆藏资源之间的授权关系，并与数字图书馆其他业务功能及系统之间保持顺畅的数据交换关系。

3. 明确版权信息管理系统的核心功能

针对不同的应用需求，版权信息管理系统的设计可能千差万别，但其核心功能基本是趋于一致的，主要包括以下几方面：

①实现对各类型资源、授权信息、合同信息的登记和变更、版权授权预警、合同结算的管理；

②对图书馆的数字、纸质资源等馆藏资源版权记录的连接进行建立和维护，使各资源的版权关系更加明确；

③提供版权信息的接收、查询、导航、检索和统计服务；

④建立与数字图书馆加工、组织、保存、发布服务等其他应用系统之间的调用服务接口；

⑤实现本系统的用户管理、数据管理、日志管理、负载监控等运行维护功能。

（二）数字版权保护技术

数字信息技术的发展大大提高了资源的生产和传播效率，便捷的复制和传播方式同时加大了版权侵权的隐患。数字版权保护技术是一种针对权利保护的数字化管理技术工具，主要应用于数字化作品生产、传播、销售和利用的全过程，其核心作用就是通过安全和加密技术对数字传播的内容进行控制，在技术上阻止了数字内容被非法复制和使用。

数字版权保护主要包括以下两方面：

①为了使作者和出版者的利益得到保障，内容提供者需要利用有效的技术手段，对作者和出版者的版权进行保护；

②保证内容消费者所接受的数字作品信息在内容上的完整性、真实性和安全性。

数字版权保护技术不是一种单一的技术，而是由数字证书、数据加密、数字水印、验证、权限描述等多种技术共同构成的综合技术体系。其中，在图书馆范围内应用最广泛的技术措施就是数字水印。所谓数字水印技术，就是将标识信息直接嵌入数字载体当中，或通过修改特定区域结构来间接表示标识信息，并且将嵌入信息隐蔽，在不影响原载体的使用价值、不易被探知和再次修改的情况下，起到标识的作用。

数字图书馆中的数字载体可能是图像、音视频、文本等。标识信息即水印信息，可以是序列号、图像、文本等形式，用来识别数字内容的来源、版本、作者身份、合法使用人等重要信息。数字水印技术主要具有以下特点。

1. 安全性

数字水印是以隐蔽手段嵌入的信息，难以篡改或伪造。当原数字内容发生变化时，数字水印一般随之发生变化，对重复添加信息，也具有很强的抵抗性，从而可以用来检测原始数据的变更情况。

2. 隐蔽性

数字水印不易直接被感知，只能通过数据压缩、过滤等方法才能检测嵌入的信息，同时，数字水印不影响被保护数据的正常使用，原数据不会因为添加数字水印而降低其质量。

3. 鲁棒性

鲁棒性就是系统的健壮性，是指数据在经历数据剪切、重采样、滤波、信道噪声、有损压缩编码等多种信号处理过程后，数字水印仍能保持部分完整性而被检测出来。如果擅自去除嵌入的标识信息，就会影响数字内容的质量。

4. 嵌入容量大

嵌入容量是指载体在不发生形变的前提下嵌入的水印信息，嵌入的水印信息必须是足以表示数据内容的创建者或所有者的标志信息。数字水印包括序列号、图像、文本等各种形式。

在版权标识方面，之前图书馆常见的做法是在图像、文本、视频等数字载体上直接添加标识信息,使读者能够直接感知这种方式,不但影响视觉效果,且易于被去除或者篡改,使数据的安全性受到影响。数字水印技术是利用数据隐藏原理使版权标志不见或不可听,既不损害数字内容,又能达到版权保护的目的。

(三) 数字资源访问控制技术

数字资源访问控制是图书馆常用的数字版权保护措施之一,也是图书馆与数字资源提供商合同约定的必要内容。目前,图书馆进行访问控制的主要方式包括以下几方面。

1. 数字资源发布范围控制

图书馆数字资源的来源十分广泛,主要获取渠道包括采购、许可授权、自主建设、征集、捐赠、交换等,各种来源资源的版权状态与使用限制也不尽相同,这要求图书馆在提供发布服务时,必须采用"分类分层"管理,严格按照版权要求和合同约定控制资源的发布范围。

控制数字资源发布范围主要依靠数字资源管理系统和用户信息管理系统的设置,控制的依据是数字资源的版权状态。公有领域资源和图书馆自有版权资源允许的发布范围较为广泛,图书馆可根据自身需求选择发布控制;对于尚在版权保护期内的资源,其发布范围则受到法律约束,图书馆应根据本馆获得的授权情况进行发布。

因此,在图书馆与资源提供商签订授权合同时,必须明确约定发布范围。通过计算机互联网、局域网、广播电视网、固定通信网、移动通信网等方式提供数字资源服务,涉及信息网络传播权等不同种类的版权,这是图书馆在获取的授权中应当重点审查的内容。围绕发布范围的问题,图书馆应通过明确的合同约定和有效的权利审查,避免在服务中引起版权纠纷。

2. 用户认证管理

用户认证管理是进行数字资源访问控制的一种必要手段,结构合理、管理有效的用户认证管理系统,能够使数字资源服务和数字版权管理得到高效、安全、有序的保障。根据不同的认证状态,图书馆用户一般可被划分为匿名用户、非实名认证用户、实名认证用户、集团等类型。

图书馆应按照分级分类的原则,结合数字资源授权情况,为不同类型的用户分配不同的访问权限。

(1) 匿名和非实名认证用户

匿名用户,主要是指不需要任何身份认证信息,即可以"游客"身份进行访问活动的用户。非实名认证用户主要是指通过一定的网络注册流程，但未使用真实身份信息进行注册的用户。这两类用户由于真实身份不明确，导致图书馆管理和服务追踪的难度加大，因此，图书馆应根据数字资源的版权状态，为匿名用户和非实名认证用户设置相对有限的访问权限。

（2）实名认证用户

一般而言，实名认证用户包括图书馆物理卡用户和网络实名认证用户，要求用户使用身份证、户口簿等有效身份证件以真实身份进行注册登记，有条件的图书馆可以探索与公安机关的身份证管理系统进行关联，以提高实名身份认证的准确率和认证效率。实名认证用户身份真实可靠，便于进行用户管理和服务跟踪，图书馆应当提倡使用实名认证，让实名认证用户成为本馆的主体用户，并在合理授权约定内为其提供相对广泛的访问权限。

（3）集团和VIP用户

集团用户和VIP用户是图书馆特殊的用户群体。集团用户包括企事业单位用户、分馆用户等。由于集团用户的规模可能对权利人版权的收益带来影响，特别是具备采购能力的独立法人用户。因此，一般情况下数字资源提供商在进行数字版权授权时，会针对集团用户提出专门的授权政策，图书馆在进行授权谈判、用户管理、访问范围控制等环节的工作时，对此应有全盘的考虑。如果权利人许可，图书馆可以通过建立镜像站点和专用网络的方式为用户提供数字资源。同样，为VIP用户开放超越一般用户的特殊访问权限也应当得到权利人的许可。

3. 用户访问

在通过数字资源访问控制技术加强数字资源保护的活动中，图书馆不但可以用认证和权限管理完成访问控制的后台操作，同时可以采取明示政策和内置提示功能，以互动的方式对用户访问行为进行规范。

图书馆在著作权法律法规和授权合同约定的框架之下，为用户提供数字资源服务，用户的利用行为也必须符合法律和合同的要求。为此，不少图书馆选择通过张贴海报、网络发布等各种方式向用户明示相关信息，使用户明确知晓其在访问图书馆数字资源过程中的权利和义务。

此外，也有图书馆将相关的管理信息内置于具体的数字资源中，在用户利用的特定环境进行提示，如当用户超出访问范围、超过用户使用流量限制时，系统弹出对话框提示用户。

为了防止出现用户过量下载的现象，有的图书馆采取限制用户在单位时间内下载资源数量的技术措施。采用这种控制方式时，规定的下载数量应当经过科学合理的测算，并且必须保证用户在开始访问之前能够了解到图书馆的相关规定，以避免引发服务矛盾。图书馆应当合理使用资源，尊重和保护数字资源的版权，同时，也应当采取必要的防范措施，防止出现不当使用行为或侵权行为，并加强用户服务制度建设，当发生用户不当使用或侵权行为时，图书馆应视情节酌情给予警告、通报、注销用证卡等处罚，将造成严重影响的用户通报给相关机构依法管理。

（四）数字与网络技术的发展

受到数字与网络技术发展的影响，数字图书馆的建设与发展也得到了很大的发展，这就意味着图书馆将要面临更加复杂的著作权问题。数字图书馆涉及数字资源建设、数字资源组织、数字资源服务等各项环节与业务，在数字资源建设与服务过程中不可避免地要遭遇著作权问题。

能否对著作权问题进行妥善的处理，直接影响到数字图书馆项目的资源建设规模、服务模式以及服务范围。数字图书馆获得信息资源的途径主要包括以下两种：

①一种是获得法律的授权；
②另一种是获得合同的授权。

目前，已经开展的多个数字图书馆，都在极力寻找适合自己的著作权解决方案，有一些已经积累了很多可供他人借鉴的成功经验。这些数字图书馆项目解决著作权问题的方式大多从以下几个角度出发：

①充分开发公有领域资源；
②充分利用著作权法中的权利豁免；
③与著作权集体管理组织、出版社、作者等签订授权协议。

这些都是数字图书馆建设与发展过程中与解决版权问题有关的有益探索与有效途径。除此以外，图书馆还需采取各种措施与手段，来保障数字资源版权管理工作的顺利开展，如应用版权管理技术、制订版权规章制度及设置版权管理岗位等。

第二节 高校图书馆服务的管理

一、建立管理就是服务的理念

管理就是服务，这一观点已经被越来越多的人认可和接受。管理的本质就是服务，从实质上来看，管理与服务是相互统一的。

（一）"管理就是服务"是管理本质的回归

在现代汉语词典中，对管理的定义就是负责某项工作，并确保工作可以顺利地进行。这也就间接地把管理界定为一种责任。不只领导身上肩负着责任，每个人对自己所做的事情都必须要负起责任。

随着生产力的不断发展，社会上开始出现了分工，有了分工就有了合作，为了维护秩序，管理也就产生了，可以说，管理是社会分工的产物。

现代管理，主要是指对人与人、人与财、人与物关系的管理，总的来说就是对人与人之间关系的管理。在管理的过程中，为了很好地维护秩序，一些人会把属于自己的一部分权力交给另外一些人，另外这些人会对自己的发展进行保护，以达到互相理解、支持和爱护。

在管理过程中，要集中组织成员的智慧来制订组织目标。所制订的组织目标，应该能够最大限度地将组织成员的要求反映出来，只有这样才可以很好地激发组织成员的热情，使组织目标尽快实现。

被管理者将权力赋予管理者，这就使得被管理者与管理者之间的地位有了尊卑贵贱之分，这就需要管理者对这种权力进行合理的运用，为被管理者服务，只有这样才会使组织成员的利益达到最大化，有利于组织成员的个人发展。

相反地，如果管理者在得到权力以后，并未为被管理者服务，这就意味着被管理者应有的权利被管理者剥夺，出现了权力与服务不对等的现象，这对组织目标的实现是非常不利的。

换句话说，"管理就是服务"是管理活动本质的回归。管理活动，不能仅仅是管理者对被管理者的一种管理行为，更应该是管理者对被管理者提供服务的一种行为。

（二）管理本质是为人的自由发展服务

作为管理工作者，管理就是服务这一原则必须要时刻谨记在心中。要想做到管理就是服务，一个必要的条件就是管理者要给予被管理者充分的尊重。

从主体教育管理的观点来看，管理活动的初衷就是让人可以自由发展。之所以想求得自由发展的机会，是因为人们想过自由、有序的生活。

有利于人的自由发展是管理活动的本质，这就要求管理者在对被管理者进行管理时，要尽可能宽松一些，只有这样才能真正实现人的自由发展。如果管理者在管理的过程中没有服务意识、官僚作风严重、严格限制人的自由，那么被管理者自然也就不会得到自由的发展了。

（三）管理和服务在实质上是统一的

管理者所具有的服务意识，决定着管理就是服务这一理念能否实现。可以说，为被管理者服务这一意识，是管理者做好服务的前提。管理者的服务要想被人们认可，就要把人们的意见和评价作为工作成效衡量的标尺。

管理就是服务的正确性是不容否认的，但是也不能仅仅根据被管理者的满意度来对管理者的工作成效进行评价。

若想实现管理就是服务，需要做到以下两点：
①对服务的多层含义进行把握，不能只是局限于表面；
②对服务的真实意义要从正反多个角度去看待。

可以说，管理活动与服务行为这两个概念是相互支持、相互协作、相辅相成的。所以，从实质上来看，管理和服务是统一的。

（四）高校管理工作应为实现高等教育服务

教育管理者若想做到管理就是服务，需要做到以下几点。
①确保教学活动中用到的一切硬件设施都安全优质；
②使教学工作程序可以正常运作；
③使教师可以及时接收到丰富、新鲜的与教学、教研有关的信息；
④为教师搭建平台、创造机会，以更好地促进其成长和发展。

培养全面发展的创新型人才是高效管理的根本任务，其中全面发展是管理的最终目的，自由发展是管理的本质。

管理和服务都只是手段而不是目的。只有对管理就是服务有一个正确的理解，才能真正地做好高等学校的管理工作。无论是教育管理部门的工作人员还是教师，都属于教育管理者，所以，他们必须都要具备良好的服务意识。

教育管理者所关注的不能仅仅是对学生的关心和爱护，使他们掌握更多的知识，更要关注的应该是学生全面、自由的发展，并将其作为自己服务的方向。此外，教育管理者所重视的也不能仅仅局限于学生的升级和就业，更要意识到为学生终身发展服务的重要性。

二、建立服务需要管理的理念

"服务也需要管理"的理念本是企业良好发展的重要指针。对高校图书馆管理和服务的创新是非常适用的。

（一）服务规范和标准的完善

以电信营业厅为例，无论是从装潢还是功能区的设置上，都有明确的标准与规范，甚至在柜台高低、销售人员多少等方面也有严格的规定，当然，工作人员办理业务的操作规范也是相当严格的。

正是因为这些标准和规范，给消费者带来了很好的体验和感知，也使得客户对电信运营企业的评价越来越高。如果说服务人员的职业素质和对顾客体验的理解程度是服务的软件的话，那么服务规范和标准就相当于服务的硬件。

可以说，服务是永恒的话题，服务的标准是无法明确规定的，要想使企业的服务永不落伍，就需要依据市场的变化，对本企业的服务规范和标准不断地进行完善。

（二）不断提升职业素质

电信企业在营业厅和客服电话等一些可以直接与客户接触的地方评选了很多服务明星、标兵、模范，同时，还举办了多种劳动竞赛，通过各种激励手段，使员工的职业素质以及潜在的良好服务心理得到激发。

这些方法不仅可以使运营企业在服务方面的软实力得到很大的提升，也使深受客户好评的营销模范和标兵大量涌现出来。

（三）自觉扩大服务外延

目前，电信企业的许多营销人员早已经开始为客户提供超值的延伸服务，他们日常所做的工作远远超过了电信企业所规定的服务标准，相应地，也受到了很多消费者的好评。

需要注意的是，企业要对员工的这些自觉行为加以关注，除了对员工进行表扬以外，还要采取一定的管理手段，使这些延伸服务得到固化。这样不仅可以使消费者得到更好的消费体验，同时还进一步加速了企业的发展。

综上，我们不难发现，管理者不能仅仅停留在对服务的关注上，更要对服务进行管理，可以说，没有管理的服务谈不上是高水准的服务。

三、"以人为本"管理与服务的融合发展

随着科技的快速发展，人们开始对知识和人才重视了起来，在这个现代化、知识化、信息化的时代，要想对图书馆进行管理，就要遵循人本原则。所谓人本管理，就是以人为中心，将人视为主要管理对象，使人的主观能动性和创造性得到充分的发挥。

图书馆人本管理主要包括以下内容：
①用户管理，即将用户作为管理的主要对象；
②内部管理，即将图书馆员作为管理的主要对象；

我们既要重视"以馆员为本"的管理，又要重视"以用户为本"的服务，管理和服务二者是辩证的统一，二者融合发展。

（一）"以馆员为本"

1. 工作和学习环境的营造

图书馆的管理者要想做到人本管理，就要为全体馆员营造一个适合他们发展的工作和学习环境，努力为每个馆员提供良好的工作和发展平台。

总的来说，就是要让馆员的工作、学习、生活、发展等方面的需求得到最大限度的满足。

2. 人本管理的激励机制

合理的管理机制决定了人本管理的成效，同时也为人力资源的可持续发展提供了保障。

（1）人事管理方面

图书馆在用人方面应采用预见性管理方式，及时引进所需要的专业技术和管理人才。此外，在对干部和工作人员的任用方面，要采用聘任制，即竞聘上岗，建立能者上、平者让、庸者下的用人机制。

（2）分配制度方面

改变原有的重视职称和资历的分配制度。将馆员的实际能力作为主要依据，并实行岗位津贴制。不同岗位的馆员对于知识和技能方面的要求是不同的，将定级与工资待遇挂钩，所发放的岗位津贴要根据岗位的不同而有所区别。

对于同种岗位的薪酬，也要根据个人技能的差别来划分等级，等级越高，薪酬也就越高。这样做不仅可以使馆员不断地提升自己的素质，还可以激发他们的竞争意识，进而使他们的工作积极性不断增强。

（3）激励制度方面

在激励制度上，要采用多元化的激励措施，主要有以下几种方式。

①理想激励，即对馆员进行理想教育，增强他们的事业心，引导他们把自己的理想与图书馆事业结合起来。

②目标激励，即主要包括组织目标和个人目标。其中组织目标就是指个馆、一个部室或一个班组的目标；个人目标可根据时间的长短分为短期、中期、长期目标。

③榜样激励，即为馆员找到学习的榜样，树典型、立先进，同时，领导者也要时刻起到模范表率的作用，只有这样才能使馆员自觉地奋发图强。

④培训激励,即通过培训的方式,使馆员实现自我目标的能力得到大幅度的提高,同时还可以使馆员的自信心得到很大的提升,使他们可以有勇气承担更具挑战性的工作。

⑤荣誉激励,即表彰表现出色的馆员,并赋予其荣誉称号,营造争当先进的良好氛围。

如果图书馆可以将人事、分配、激励等制度合理结合,必定会形成一套有效的激励机制,使每个馆员都能成为集知识管理与服务能力于一身的合格人才,为图书馆核心能力的构建提供人力资源的保障。

(二)"以用户为本"

1. 服务理念的转换

现代图书馆的服务理念就是"以人为本",这就要求图书馆在对用户进行服务的过程中,做到"以用户为本",即将满足用户的需求作为一切服务工作的出发点和目标。

在知识信息服务功能不断健全的过程中,努力使用户的合理需求得到最大限度的满足。一些研究者指出,"以用户为本"就是在为用户服务时,把他们当成亲人,甚至是当成主人,以亲切、友善的态度来满足用户一切合理的需求。

高校图书馆的借阅工作要本着一切为了教学和科研,急教师和学生所急的原则,以用户的利益为先,给予用户更多的关怀和体贴,只有这样才能使以人为本的理念深入每个图书馆人员的心中。

2. 深入研究用户的需求

(1)了解用户的需求

图书馆只有清楚用户需要什么、利用图书馆的状况如何,才能使服务更加有方向性。换句话说,就是应将加强对用户需求、心理、行为、个体差异的研究,作为图书馆服务工作开展的先导。

不同社会领域的用户,需求往往也不同。为了更好地吸引用户来图书馆,应该在充分了解用户需求的前提下,采取措施来激励用户的需求,并把用户所需要的文献信息及时、有效地传递给用户。

(2)向用户提供人性化的服务

由于大多数师生只能在下课以后才有时间来图书馆,所以为了更加人性化,图书馆可以适当地对开放时间进行调整。同时图书馆还要紧紧抓住高校用户高学历的心理特点,对他们给予充分的尊重。除此以外,图书馆还要根据用户的学历、职业以及兴趣爱好,为他们提供个性化的服务。

(3)拓展服务内容

将现代化技术和设备充分利用起来,比如一些现代化的办公设备、计算机网络系统等,可以为用户的复印、存储、传输等过程提供很大的方便,使图书馆的服务更加人性化。

3. 改变服务方式和内容

(1)改进服务方式

图书馆要根据需要,及时地对服务方式进行改进,不断拓宽服务的内容。随着社会对知识信息的需求呈现全方位、综合化的特点,图书馆的服务模式开始向开放型、主动型等方向转化。

(2)改进服务态度

图书馆馆员采取灵活多样的服务方式,主要表现在以下几点:

①将之前的被动服务转变为现在的主动服务;

②改变之前的一般化借阅,采取多样化、特色化的服务;

③将较为粗浅的单层次服务转变为全方位多层次的服务。

(3)拓宽服务内容

受多样化、综合化、纵深化等特征的影响,图书馆在获得信息方面必须要做到快、准、精、新。

图书馆要从满足用户需求的角度出发,不断地使本馆的内容得到拓宽,为用户提供一系列的信息服务,比如网上书刊借阅、文件传输、信息导航等服务。

(4)优化服务流程

要切实做到从用户的角度出发,对所涉及的手续进行简化,做到真正的开放与平等,以人为本,为用户提供更多的个性化服务。

4. 广泛收集文献信息

树立"藏为用""为用而藏"的人本观念,使每本文献资源都可以为用户和社会所使用。

(1)在文献流通方面

一定要从方便用户的角度出发,使每本书都有其潜在的用户,使文明进步的成果让社会中的每个成员都能享受得到。

(2)在文献分编方面

主要从以下几方面着手:

①尽快将量和编目和集中编目实行起来；

②尽量使标引、著录的准确性得到提高；

③进一步加快新书的分编速度；

④急用户之急，让新购图书尽快与用户见面；

⑤将编目范围进一步扩展；

⑥加强对电子信息的分编；

⑦尽量使用户的多方需求得到最大的满足。

5. 图书馆服务环境的优化

不管是从图书馆的建筑选址还是图书馆内部的布局，甚至是图书馆馆员的着装、言语等方面，都要将图书馆在服务用户方面的人文关怀充分体现出来。要以用户为中心，从用户的角度出发，使图书馆的功能、流程、布局、设施安排、外部环境等方面，始终给用户一种亲切感。

此外，还要给予用户更多的关怀，对用户的意愿和习惯进行充分的考虑，为用户文献信息的利用和交流活动的进行提供方便，并将此作为服务的出发点和归宿，将为用户提供优美、舒适的环境作为图书馆最大的追求。

综上所述，若想对"以人为本"的高校图书馆进行管理，必须要了解以下三点：

①不仅要重视"以馆员为本"，还要将"以用户为本"的服务重视起来；

②要明白管理和服务是辩证的统一；

③管理和服务是相互融合发展的。

具体地说，就是进行图书馆内部管理时，要做到"以馆员为本"，为用户提供服务时，要做到"以用户为本"。它们二者之间是相互依存、相辅相成的，但是它们也都有自己所扮演的角色，具体如下。

①"以用户为本"属于高校图书馆的办馆宗旨，只有做到这一点，才能将高校图书馆的作用很好地发挥出来；

②"以馆员为本"属于一种管理理念，它可以对高校图书馆员产生一定的激励作用，使他们可以自觉地提升自己的素质水平和能力，同时，还可以使他们的聪明才智和创造性得到充分的发挥，进而可以更好地为用户提供服务。

总的来说，对于高校图书馆的管理，要时刻对图书馆活动的人给予充分的重视，始终遵循"以人为本"的理念，使图书馆的服务和管理不断地创新，使图书馆人力资源管理水平得到大幅度的提高，只有这样才能使高校图书馆事业持续、快速地发展下去。

参考文献

[1] 郭晶. 图书馆学科化服务研究与进展[M]. 上海：上海交通大学出版社，2013.

[2] 梁瑞华. 高校图书馆知识服务体系研究[M]. 开封：河南大学出版社，2010.

[3] 盛剑锋. 图书馆知识管理与服务研究[M]. 北京：科学出版社，2012.

[4] 刘锋. 互联网进化论[M]. 北京：清华大学出版社，2012.

[5] 张涛. 图书馆利用与文献检索[M]. 长春：东北师范大学出版社，2017.

[6] 董媛媛. 数字图书馆著作权问题研究[M]. 西安：三秦出版社，2017.

[7] 任惠栋. 数字化图书馆研究[M]. 北京：中国书籍出版社，2016.

[8] 周建芳. "互联网＋"图书馆[M]. 成都：四川大学出版社，2018.

[9] 杨静，景玉枝. 数字图书馆服务与管理[M]. 赤峰：内蒙古科学技术出版社，2016.

[10] 杨新涯. 图书馆共享服务[M]. 北京：知识产权出版社，2016.

[11] 卢家利. 21世纪美国高校图书馆管理与服务[M]. 桂林：漓江出版社，2017.

[12] 徐婷. 高校图书馆门户网站建设[M]. 上海：上海社会科学院出版社，2016.

[13] 覃凤兰. 高校图书馆数字资源绩效评价[M]. 武汉：武汉大学出版社，2015.

[14] 郑磊. 高校图书馆管理与服务的创新[J]. 内蒙古科技与经济，2010（20）.

[15] 范红俊. 浅谈高校图书馆如何进行管理创新[J]. 商业文化（学术版），2010（6）.

［16］雷素芳，肖新华.科学发展观视域下的高校图书馆管理与服务创新研究［J］.吉首大学学报（社会科学版），2010，31（6）.

［17］陈雅，李文文，郑建明.泛在知识环境下我国高校数字图书馆集成服务平台构建［J］.情报科学，2011（11）.

［18］曹静仁，李红.泛在知识环境下的图书馆嵌入式学科服务［J］.图书馆论坛，2011，31（3）.

［19］唐凤珠.高校图书馆移动信息资源建设的思考［J］.河南图书馆学刊，2018，38（11）.

［20］刘伟思.图书馆信息资源建设与利用研究［J］.江苏科技信息，2018，35（31）.

［21］赵群.基于智库服务的图书馆信息资源建设［J］.知识经济，2018，479（2）.